ou et Jean Ballard

Ma situation est bonne, quoique toute dans l'avenir...
(GÉRARD à son père, huit mois avant sa mort.)

Le Destin.

Je suis le Ténébreux, — le Veuf[1], — l'Inconsolé
Le Prince d'Aquitaine à la Tour abolie :
Ma seule Etoile est morte, — et mon luth constellé
Porte le Soleil noir de la Mélancholie.

Dans la nuit du Tombeau, Toi qui m'as consolé,
Rends-moi le Pausilippe et la mer d'Italie
La fleur[2] qui plaisait tant à mon cœur désolé
Et la treille où le pampre à la Rose s'allie[3]

Suis-je Amour ou Phébus ?... Lusignan ou Biron ?
Mon front est rouge encor du baiser de la Reine[4]
J'ai rêvé dans la Grotte où nage la Syrène...

Et j'ai deux fois vainqueur traversé l'Acheron :
Modulant tour à tour sur la lyre d'Orphée
Les soupirs de la Sainte et les cris de la Fée.[5]

(1 ~~la prière~~, Olim : Mausole (?) (2 l'ancolie du jardin du Vatican
(3 ~~[illegible]~~ Reine Candace ? (5 Mélusine ou Manto.

NERVAL

raymond jean

écrivains de toujours/seuil

 ISBN 2-02-000068-7.

NERVAL HIER ET AUJOURD'HUI

Peu d'écrivains mieux que Gérard de Nerval justifient cette affirmation de Roland Barthes selon laquelle la réalité littéraire est « un système fonctionnel dont un terme est fixe : l'œuvre, et l'autre variable : le monde, le temps qui consomment cette œuvre ». A qui en douterait il suffirait de rappeler que si au cours d'un demi-siècle les écrits de Nerval n'ont cessé d'être découverts et redécouverts, ils n'ont dû cette prodigieuse fortune qu'aux nouvelles formes de sensibilité, aux nouveaux systèmes de lecture mis en place par notre époque, qui en ont permis la révélation et en quelque sorte l'*accomplissement*. Mais cette constatation serait de peu de portée si l'on n'en tirait les conséquences qui s'imposent et en particulier celle-ci : une œuvre comme celle de Nerval doit être étudiée en elle-même, mais aussi hors d'elle-même, dans une perspective historique d' « enrichissement », c'est-à-dire en fonction des conditions multiples qui, à telle étape de la carrière posthume de son auteur, conduisent à la comprendre, à l'apprécier et à la présenter dans un certain éclairage. Elle n'a pas une signification close, arrêtée, limitée. Elle a moins besoin d'être saisie dans sa genèse (contrairement à la démarche de l'histoire littéraire traditionnelle) que dans son devenir. Il est

Ermenonville... ce vieux pays du Valois,
où pendant plus de mille ans a battu le cœur de la France.

légitime de la définir en relation avec certains « moments » de la conscience littéraire du XIXe ou du XXe siècle où se reflète l'évolution de nos modes de penser et de sentir, de notre conception de la littérature.

Nerval assiste, à la fin de sa vie, à la naissance de sa propre légende. De la brochure qu'Eugène de Mirecourt lui consacre en 1854, il écrit : *C'est exagéré et plein d'erreurs.* Le public cultivé se fait déjà une fausse idée de son personnage. Le grand public le découvre à travers sa mort : c'est-à-dire à travers le témoignage de ses amis, amenés au lendemain de sa mort (nécessairement « traumatisante » pour eux) à retracer sa vie ou à prononcer son éloge. La notice nécrologique, avec tout ce qu'elle comporte de conventionnel, est le premier type de commentaire qui fixe une certaine image de lui. Elle ne lui a d'ailleurs pas été épargnée de son vivant : lors de sa première crise de 1841, Jules Janin s'était dépêché d' « enterrer » son esprit dans un article du *Journal des Débats*, et Gérard ironisait avec amertume sur ce texte (notant avec une perspicacité prophétique : *De sorte, mon cher Janin, que je suis le tombeau vivant du Gérard de Nerval que vous avez aimé, produit et encouragé si longtemps*). Lorsqu'il disparaît réellement, les hommages funèbres se succèdent : le discours de Francis Wey sur sa tombe, l'article de Théophile Gautier dans *la Presse*, la chronique de Félix Mornand dans *l'Illustration*, l'épitaphe de Méry, les souvenirs de Dumas. C'est toujours le même genre de texte bien intentionné où se précise une certaine vision « gentille » et tempérée du disparu et de son œuvre. Et c'est probablement parce que tous ces propos ont été tenus par des écrivains ou des journalistes qui se plaçaient plus volontiers sur le terrain de la camaraderie littéraire, de l'anecdote ou du pittoresque que sur celui de l'authentique sympathie créatrice (et qui constituaient d'ailleurs le compagnonnage réel de Nerval) que dans un premier temps se forme une image « mineure » du poète.

Dans un deuxième temps, Nerval vit souterrainement dans la mémoire de ceux qui l'ont soigné, qui l'ont connu, qui ont entendu parler de lui par leurs pères : Aristide Marie interroge à son sujet le docteur Émile Blanche, Henry Houssaye, le fils

Quelques lignes de l'article de J. Janin dans un numéro de mars 1841 du Journal des Débats.

Feuilleton du Journal des Débats

GÉRARD DE NERVAL.

Ceux qui l'ont connu pourraient dire au besoin toute la grace et toute l'innocence de ce gentil esprit qui tenait si bien sa place parmi les beaux esprits contemporains. Il avait à peine trente ans, et il s'était fait, en grand silence, une renommée honnête et loyale, qui ne pouvait que grandir. C'était tout simplement, mais dans la plus loyale acception de ce mot-là : *la poésie*, un poëte, un rêveur, un de ces jeunes gens sans fiel, sans ambition, sans envie, à qui pas un bourgeois ne voudrait donner en mariage même sa fille borgne et bossue ; en le voyant passer le nez au vent, le sourire sur la lèvre, l'imagination éveillée, l'œil à demi fermé, l'homme sage, ce qu'on appelle des hommes sages, se dit à lui-même : — Quel bonheur que je ne sois pas fait ainsi ! Vous auriez mis celui là au milieu d'une élection quelconque, que pas un électeur ne lui eût donné sa voix pour en faire le troisième adjoint à M. le maire ; dans la garde nationale, tout ce qu'il eût pu jamais espérer, c'eût été d'être nommé caporal par dérision et avec le consentement de son épicier, de son bottier ou de son marchand de bois. Mais de tous les honneurs de ce monde il ne s'inquiétait guère, le pauvre enfant.

Il vivait au jour le jour, acceptant avec reconnaissance, avec amour, chacune des belles heures de la jeunesse, tombées du sein de Dieu. Il avait été riche un instant, mais par goût, par passion, par instinct, il n'avait pas cessé de mener la vie des plus pauvres diables. Seulement il avait obéi plus que jamais au caprice, à la fantaisie, à ce merveilleux vagabondage dont ceux-là qui l'ignorent disent tant de mal. Au lieu d'acheter avec son argent de la terre, une maison, un impôt à payer, des droits et des devoirs, des soucis, des peines et l'estime de ses voisins les électeurs, il avait acheté des morceaux de toiles peintes, des fragmens de bois vermoulu, toutes sortes de souvenirs des temps passés, un grand lit de chêne sculpté de haut en bas ; mais le lit acheté et payé, il n'avait plus eu assez d'argent pour acheter de quoi le garnir, et il s'était couché, non pas dans son lit, mais à côté de son lit, sur un matelas d'emprunt. Après quoi, toute sa fortune s'en était allée pièce à pièce, comme s'en allait son esprit, causerie par causerie, bons mots par bons mots ; mais une causerie innocente, mais des bons mots sans malice et qui ne blessaient personne. Il se réveillait en causant le matin, comme l'oiseau se réveille en chantant, et en voilà pour jusqu'au soir. Chante donc, pauvre oiseau sur la branche ; chante et ne songe pas à l'hiver. — laisse les soucis de l'hiver à la fourmi qui rampe à tes pieds d'Hippolyte Lucas, Judith Gautier. C'est la période de son purgatoire, un temps où il n'a plus de « contemporains » sans avoir trouvé encore ses exégètes ou ses lecteurs de l'avenir. Au seuil du XXe siècle, la critique officielle l'ignore : René Doumic ne le mentionne pas, Lanson le signale dans une note.

La première renaissance nervalienne – que M. J. Senelier situe entre 1901 et 1926 – se fera sous le signe des vertus suspectes d'une France nationaliste. Au lendemain d'une vague de travaux de défrichement (la thèse de Julia Cartier, le livre de Gauthier-Ferrières, la *Correspondance inédite* rassemblée par Jules Marsan), Barrès s'enchantera de Nerval, et avec lui toute une pensée littéraire de droite, parce qu'il est attaché au Valois, la terre de ses ancêtres maternels, et revendique son *enracinement* dans cette province, parce qu'il y a en lui quelque chose de bien *français.* C'est l'époque où Jacques Boulenger vante les charmes du « pays de Sylvie ». C'est l'époque où se dessine le visage rassurant d'un Gérard de Nerval « Ile-de-France », inséparable de paysages brumeux où des peupliers tremblent sur de l'eau verte. Comme le note J.-P. Richard, certaines de ses rêveries ésotériques sur les races, leurs origines, leurs chutes, pouvaient en outre être propres à nourrir les réflexions des épigones d'un Gobineau. Toutefois ce « nervalisme » tendancieux se révèle utile puisqu'il crée des conditions intellectuelles favorables à l'éveil des curiosités et à la mise en chantier de travaux d'une importance capitale. C'est de lui que naîtront des ouvrages comme la grande biographie d'Aristide Marie publiée en 1914 (et dédiée à Barrès) ou la capitale édition Champion des œuvres du poète, qui marquent le point de départ d'une vraie connaissance de Nerval.

Mais parallèlement à ces découvertes – et c'est ici que les choses deviennent plus complexes – se font jour d'autres appréciations, plus secrètes, plus originales aussi. Nous savons aujourd'hui combien Proust plaçait haut l'œuvre de Nerval et quelle parenté précise il y discernait avec ses propres recherches. Or il se situait à un point de vue exactement contraire à celui de ses contemporains et s'insurgeait avec une singulière vigueur contre la fausse admiration barrésienne : « *Sylvie* est admirée si à contresens à mon avis, disait-il, que je préférerais presque l'oubli où l'a laissée Sainte-Beuve et d'où au moins elle pouvait sortir intacte et dans sa miraculeuse fraîcheur. » Et il ajoutait : « Cette histoire que vous appelez la peinture naïve, c'est le rêve d'un rêve, rappelez-vous ! » C'est dire qu'à ses yeux l'œuvre de Gérard, loin de relever des catégories du charmant ou du pittoresque, exprimait l'angoisse d'une plongée à travers le temps et éclairait ce qu'il appelait « les nuances troubles, les lois profondes, les impressions presque insaisissables de l'âme humaine ». Il est sans doute le premier à avoir osé prononcer le mot de « génie » à propos de Nerval. Mais si la clairvoyance de Proust fut grande, il semble que son admiration demeura confidentielle et que sa voix ne se fit pas entendre. L'année même de sa mort, en 1922, avait lieu à Loisy et à Ermenonville une « Fête de Sylvie » conçue sur le mode folklorique et régionaliste – et dont le bruit remplit tous les journaux de l'époque – propre à présenter l'image la plus affadissante du poète.

Le réveil vint des surréalistes. Il faut dire ici qu'Apollinaire avait pressenti dès 1911 tout ce que recelaient l'œuvre et la personnalité de Gérard : « Esprit charmant ! Je l'eusse aimé comme un frère », disait-il dans un article du *Mercure* à l'occasion d'une souscription organisée à Paris pour élever un monument à Nerval – phrase qui ne va pas très loin en apparence mais a tout de même le mérite d'attirer l'attention sur la *fraternité* secrète qui pouvait exister entre les deux poètes et qui à l'examen se révèle parfaitement fondée. André Breton, en 1924, dans le premier *Manifeste du surréalisme*, devait faire le pas décisif : « A plus juste titre encore, écrit-il à propos du terme de surréalisme dont il explique le choix, sans doute aurions-nous pu nous emparer du mot *supernaturalisme* employé par Gérard de Nerval dans la dédicace des *Filles du feu*. Il semble en effet que Nerval posséda à merveille *l'esprit* dont nous nous réclamons. » Déclaration capitale que Breton faisait suivre de deux phrases, particulièrement significatives, du texte auquel il se référait. En fait l'attitude des surréalistes en face de Nerval est complexe :

Le Rhin, à St-Goar.

elle oscille de l'admiration doctrinale à la fascination devant l'expérience vécue de la folie, de la lecture « illuminante » d'*Aurélia* à l'émotion-choc née de la rencontre fortuite d'une phrase insolite (ainsi la phrase : *il fait si beau que l'on ne peut se rencontrer ni s'embrasser dans les maisons* qu'Éluard transcrivait avec dévotion dans son album de citations favorites). Mais l'essentiel était que Nerval fût mis à sa vraie place et que la voie fût ouverte à une interprétation toujours plus pénétrante, une compréhension toujours plus riche de son œuvre.

La période de la Seconde Guerre mondiale voit, comme celle qui précédait 1914, s'affirmer une recrudescence d'intérêt pour cette œuvre. C'est la deuxième renaissance nervalienne. Il n'est pas inutile de souligner que l'atmosphère même de la guerre et de l'occupation y contribua dans la mesure où les esprits, se détournant provisoirement des contraintes du réel et de l'histoire, étaient amenés à s'intéresser à des formes d'expression littéraires, notamment poétiques, de nature à favoriser une promotion du rêve et de la vérité intérieure de l'homme, seuls refuges alors possibles de sa liberté. Albert Béguin avait préparé le terrain dès 1937-1939 avec *l'Âme romantique et le Rêve* où, montrant les accords profonds qui existaient entre Nerval et le romantisme allemand, il contribuait d'une manière décisive à la situation de l'œuvre du poète dans son véritable jour. Son influence critique allait dominer et inspirer longtemps les travaux entrepris sur Nerval. Elle agissait indiscutablement dans le sens de la ferveur et de la sympathie la plus profonde – et à ce titre Béguin, incomparable « éveilleur » dans ce domaine comme dans beaucoup d'autres, a *révélé* Nerval à toute une génération –, mais elle imprégnait cependant la réalité nervalienne d'un spiritualisme, d'un mysticisme chrétien qui, en éclairant certains aspects, en faussaient d'autres.

Il est vrai que les chemins frayés dans les vingt années précédentes n'étaient pas pour autant oubliés et que certains s'y avançaient d'un pas discret mais sûr. Giraudoux, à sa manière, parlant d'*Aurélia*, redécouvrait en Gérard le poète lucide de l'insolite. Georges Poulet, dans un remarquable article publié en 1938, *Sylvie ou la pensée de Gérard de Nerval*, retrouvait la voie proustienne de la connaissance de Nerval. Mais l'apport de Béguin demeurait capital et les exégèses se faisaient chaque jour plus nombreuses dans les directions qu'il avait indiquées. On prenait conscience de l'importance de l'ésotérisme, de l'alchimie, de l'occultisme dans l'œuvre de Gérard, avec des essais, des travaux comme ceux de René Daumal (l'important *Nerval le Nyctalope*), de Roland de Renéville ou de Georges Le Breton. Cette tendance devait atteindre son point culminant avec le livre de M. Jean Richer, *Gérard de Nerval et les doctrines ésotériques*, en 1947. Toutefois Jean Richer, conduit par ses intuitions à des travaux d'histoire littéraire de plus en plus rigoureux, était amené à élargir considérablement le champ de ses recherches et devenait en quelques années le maître incontesté de l'érudition nervalienne : les textes qu'il découvrit, les matériaux qu'il porta au jour, les renseignements et documents qu'il rassembla constituent un ensemble d'une valeur inappréciable.

Grâce à lui, une connaissance enfin sérieuse et objective de Nerval fut possible. Et de nombreux nervaliens, tels François Constans ou Gilbert Rouger, trouvèrent dans ses investigations un précieux stimulant. C'est ainsi que fut progressivement mis au point ce que l'on pourrait appeler notre *vision* moderne de Nerval. Il faut insister sur le terme de « moderne », car peu d'écrivains ont eu le privilège de répondre aussi bien aux ambitions, voire aux besoins critiques de notre époque. D'abord l'œuvre de Gérard était porteuse de mythes, comme devait le souligner Mme M.-J. Durry, et offrait par là même un monde à déchiffrer. Mais surtout elle se pliait comme à souhait à tous les systèmes d'interprétation, à toutes les « grilles » que la nouvelle critique mettait en circulation. Aux tenants de la psychanalyse, elle proposait une riche matière onirique à explorer, d'innombrables réseaux de complexes et d'obsessions à découvrir : L.-H. Sébillotte devait le pressentir sur un plan presque médical avant que Charles Mauron ne le confirme sous l'angle plus littéraire de la psychocritique. Aux « thématistes », elle apportait une moisson inépuisable d'images récurrentes et de motifs révélateurs : Georges Poulet y mettait en lumière l'importance de la dimension du temps ou de tel signe privilégié, tandis que J.-P. Richard y décelait la présence de thèmes propres à l'exercice d'une critique des profondeurs. Aux « structuralistes », elle offrait tout un jeu de schèmes invitant à la pratique des formes les plus neuves de lecture : il n'est pas indifférent de noter que, dans sa préface à un ouvrage sur les romans de Robbe-Grillet, Roland Barthes puisse se féliciter de voir la critique user à propos d'un romancier contemporain « d'une méthode de déchiffrement qu'on a mis chez nous un demi-siècle à appliquer à des auteurs comme Nerval ou Rimbaud ».

De là à dire que le Nerval auquel nous nous intéressons aujourd'hui est un produit de la critique moderne, il n'y aurait qu'un pas. Il faut éviter de le franchir. Car, même si cette vue comporte une part de vérité, on ne saurait oublier que seule la profonde originalité du génie nervalien a pu légitimer cette variété, cette richesse, cette hardiesse d'interprétation. Doué, comme le dit Charles Mauron, d'une extraordinaire « élasticité mentale » qui « lui permit d'osciller entre la pensée magique de l'inconscient et une pensée consciente très sensible à certains aspects du réel », Nerval se situait spontanément au niveau d'une analyse critique dont son époque ne pouvait avoir le soupçon mais dont la nôtre s'approprie chaque jour davantage les ressources.

C'est un privilège dont la contrepartie inévitable est l'inadéquation aux normes littéraires en usage au moment historique où vivait le poète. Aux yeux de ses contemporains, Nerval était un écrivain estimable mais nécessairement tout *autre* qu'il n'est pour nous. Et à ses propres yeux sans doute également. C'est le malentendu le plus grave qui puisse survenir en littérature : un homme écrit une œuvre dont il n'a pas le moyen d'apprécier toutes les résonances, elle n'*existe* pas, pour lui et les témoins de sa vie, de la même manière qu'elle existe pour nous ; elle vérifie cette loi que le jugement esthétique, le regard du lecteur font partie de la création littéraire. Cette situation « critique » (et l'on nous permettra de jouer sur le mot) n'est pas exceptionnelle, mais Nerval en représente certainement un exemple limite. Le résultat est que son œuvre est en même temps mineure et majeure, simple et labyrinthique, transparente et obscure, limpide et trouble, lisse et vertigineuse. On comprend que notre temps ait été séduit par tant d'ambiguïté et y ait trouvé matière à d'inlassables exégèses. Mais il serait intéressant de voir si précisément l'ambiguïté est une des richesses originelles de l'œuvre – elle se confondrait alors avec son indétermination même, la part qu'elle réserve au hasard, au devenir, aux mutations possibles et serait peut-être un des visages les plus authentiques du génie – ou si au contraire elle est introduite en elle après coup comme une semence apportée par d'autres et destinée à la féconder « rétroactivement ». Rétroaction ou anticipation, en somme ? C'est bien comme cela que se résume le dilemme, selon qu'on se place du côté de la critique ou du côté de l'œuvre. Il y a de grandes chances en fait qu'il s'agisse d'une convergence, l'œuvre accomplissant la moitié du chemin, la critique l'autre. Et c'est ici qu'il faut bien nous replacer dans cette perspective d'enrichissement dont nous parlions plus haut. Nerval le pressentait-il qui, huit mois avant sa mort, écrivait à son père ce mot d'un optimisme dérisoire : *Ma situation est bonne, quoique toute dans l'avenir ?* Peu d'œuvres ont été plus que la sienne *authentifiées* par l'avenir. Raison de plus pour voir ce qu'ont été d'abord l'homme et l'écrivain dans l'histoire.

SEL TABLE
LA CIGOGNE

DE GÉRARD LABRUNIE A GÉRARD DE NERVAL

Le 22 mai 1808, Gérard Labrunie naquit à Paris. Parisien, il le resta jusqu'à sa mort. C'est à la paroisse Saint-Merry que fut célébré son baptême, c'est le commissaire de police de la section Saint-Merry qui enquêta autour de son suicide. Il suffit de lire ses *Nuits d'octobre* (un de ses ouvrages les plus étonnants et les plus riches) pour constater qu'il fut avant Apollinaire un remarquable *flâneur des deux rives*, avant Aragon un *paysan de Paris* particulièrement doué. Il disait pourtant : *J'aime beaucoup Paris où le hasard m'a fait naître, – mais j'aurais pu naître aussi bien sur un vaisseau, – et Paris qui porte dans ses armes la* bari *ou nef mystique des Égyptiens, n'a pas dans ses murs cent mille Parisiens véritables. Un homme du Midi, s'unissant là par hasard à une femme du Nord, ne peut produire un enfant de nature lutécienne.*

L'homme du Midi était Étienne Labrunie, médecin-adjoint à la Grande Armée : ses origines agenaises inspireront à Gérard toutes sortes de rêveries généalogiques sur le Périgord et la Dordogne (*J'ai bien un peu de ce sang-là dans les veines, moi, pauvre et obscur descendant d'un châtelain du Périgord*, écrit-il dans *Aurélia*), et le sacreront *Prince d'Aquitaine*.

Rue Saint-Merry

Nord

S.on	N.o	N36	Contenances Métrique	Contenances locale
D	10	M. Laurent, Pierre, Charles, à Paris, possède au Clos de Nerval une pièce de bois taillis contenant suivant les titres cinquante un ares, sept centiares ou un arpent, et suivant la répartition cinquante un ares, soixante cinq cent[iares] ou cent une perches treize centièmes; et tenant du long de l'est aux aboutissants, d'autre long de l'ouest aux hér. Boulon, à un bout du sud dans la largeur de quatorze mètres à la haye de Nerval et d'autre bout du nord dans celle de dix neuf mètres cinq décimètres au Bois de Nerval cy	51 65	1 01 13
haie de Nerval				

Ouest.

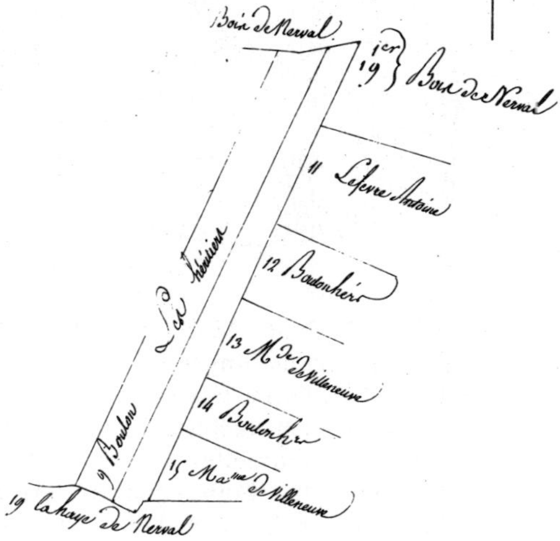

Pour copie conforme à la minute déposée à la Mairie de Mortefontaine
Arnouville le 1er mai — 1827.

Bouchard

Sud

Le clos de Nerval... auquel le poète devra le pseudonyme qu'il rendit célèbre.

La baronne de Feuchères en amazone

La femme du Nord était Marie-Antoinette-Marguerite Laurent, fille d'un marchand linger de la rue Coquillière à Paris : c'est elle qui attachera Gérard à la terre du Valois d'où sortait sa famille. Il a raconté non sans humour les circonstances lointaines auxquelles il dut de voir le jour. Son grand-père, alors jeune homme, avait laissé échapper un cheval dont il avait la garde : blessé par des réprimandes paternelles peut-être trop vives, il quitta la maison pour se réfugier chez un oncle qui habitait entre Ermenonville et Senlis. Il l'aida à cultiver son champ et épousa sa fille peu avant la Révolution. Le couple eut un enfant : la future mère de Gérard. Le champ cultivé *était situé sur l'emplacement d'un ancien camp romain et a conservé le nom du dixième des Césars :* le *clos de Nerval* (un terrain de cinquante et un ares, à moins d'un kilomètre de Loisy) auquel le poète devra le pseudonyme qu'il rendit célèbre.

Si Gérard a insisté sur cette histoire, c'est qu'il est extrêmement sensible à tout ce qui touche à ses origines. Il suffit pour s'en convaincre de jeter un regard sur la foisonnante notice généalogique manuscrite qu'il s'était établie et où le délire et l'érudition, la mégalomanie et l'imagination étymologique se conjugent pour lui bâtir une double hérédité de héros [1]. Mais c'est aussi que le Valois a été le vrai cadre, le vrai décor de son enfance. Il est mis en nourrice à Loisy, il va vivre à l'âge de deux ans à Mortefontaine chez son grand-oncle Antoine Boucher, il y retourne plus tard en vacances. C'est assez pour qu'un enfant se souvienne et que se prennent dans la transparence de sa mémoire des images qui composeront ce que J.-P. Richard a fort justement appelé une « géographie magique ».

Ces images, ce sont d'abord des paysages : des étangs où se reflètent les lueurs du couchant, des nuages pourprés, des grottes dans les bois, les nénuphars qui couvrent les rives de la Nonette et de la Thève. On sait combien ces aquarelles abondent dans l'œuvre de Nerval. C'est un décor qui s'élargit à toute une province où, de Senlis à Ermenonville, rôde l'ombre de Rousseau, où flottent pêle-mêle les souvenirs du marquis de Girardin et de ses *illuminés*, ceux des fêtes du *bouquet* de l'arc. Il y a aussi des scènes précises : la baronne de Feuchères paraissant en amazone sur les pelouses du château de Mortefontaine (le *château rougeâtre à coins de pierre*) ; l'oncle Boucher devant sa maison *(un ermitage jaune aux contrevents verts où serpente la treille)*, tel que Gérard le reverra en rêve dans *Aurélia* avec son *costume ancien dont les couleurs semblaient pâlies* et *sa figure souriante sous ses cheveux poudrés*, ouvrant à son petit-neveu les secrets de sa bibliothèque ou lui enseignant que *Dieu, c'est le soleil.* Il y a enfin ces figures de jeunes filles en fleurs à l'ombre desquelles s'abrite l'enfance de Gérard *(J'étais toujours entouré de jeunes filles ; – l'une d'elles était ma tante ; deux femmes de la maison, Jeannette et Fanchette, me comblaient aussi de leurs soins)*. Elles prendront dans ses

1. M. J. Richer en a tenté le déchiffrement complet dans son récent ouvrage : *Nerval, expérience et création.*

La maison de l'oncle Boucher, à Mortefontaine.

livres les noms les plus divers : Héloïse, Célénie, Sidonie, elles seront tantôt brunes et vives comme Sylvie, tantôt grandes et blondes comme Adrienne, elles auront parfois des allures de sirènes ou de nixes avec leur sourcil arqué et leur œil noir, ou se feront plus rassurantes avec leur voix perlée, leurs danses, leurs rondes, envoûtantes comme celles des enfants de Syra en Orient, mais elles seront d'abord l'un sous le multiple, moins l'éternel féminin que le féminin céleste, déjà la *seule Étoile*. Elles permettront à un adolescent de respirer au matin de la vie l'*odor di femina* qui enveloppera tant de ses écrits.

Il est vrai que toute cette féminité vient combler un vide, le terrible vide laissé par une mère perdue dont l'image ne se devinait même pas à travers un portrait, mais à travers une *allusion* à un portrait : *Je n'ai jamais vu ma mère, ses portraits ont été perdus ou volés* (volés ? curieux : pourquoi volés ? ravis par qui ?) ; *je sais seulement qu'elle ressemblait à une gravure du temps, d'après Prud'hon ou Fragonard, qu'on appelait* « la Modestie » (est-ce de là que Gérard est devenu si sensible aux gravures, aux portraits, qu'il a eu l'impression que toujours ils lui parlaient *d'autre chose* ?). Marie-Antoinette Laurent était morte à vingt-cinq ans en Silésie où elle avait suivi son mari dans ses campagnes. Elle avait succombé aux fatigues de la guerre et à une fièvre qu'elle avait gagnée en traversant un pont chargé de cadavres, affirme son fils : la fièvre même, selon lui, qui revenait saisir son esprit à intervalles périodiques. Il est naturel que les psychologues aient vu là la plaie, la blessure première par où devaient s'engouffrer tant de douleurs, de souvenirs, de nostalgies, de mythes. C'est peut-être du jour où il connaît et comprend la mort de sa mère que Gérard bâtit tout un immense rêve de compensation et « recompose » sa destinée. C'est peut-être de ce jour-là que l'Allemagne, où repose la disparue, devient pour lui, après le Valois, une autre terre-mère dont il est difficile de ne pas entendre l'appel. C'est peut-être enfin de ce jour que le *père* apparaît à ses yeux comme un obscur ennemi, lui qui non seulement avait entraîné sa jeune femme dans une mortelle aventure, mais encore avait perdu jusqu'à ses lettres, ses bijoux – son souvenir, son ombre – dans les flots de la Bérésina : on a souligné l'étrange désarroi du petit garçon qui, serré sur la poitrine de cet officier boiteux et poussiéreux dont on lui disait qu'il était l'enfant, ne put que s'écrier : *Mon père !... tu me fais mal !*

Il faudrait faire l'histoire des relations de Nerval avec son père. Elles sont extraordinairement révélatrices du conflit de générations qu'ont vécu les contemporains de la Restau-

Je n'ai jamais vu ma mère...; je sais seulement qu'elle ressemblait à une gravure du temps, d'après Prud'hon ou Fragonard, qu'on appelait *la Modestie*.

ration et de la Monarchie de Juillet. Les hommes jeunes qui entrent dans l'histoire à cette époque ont eu une enfance bercée au bruit de l'épopée napoléonienne. Mais quand ils atteignent l'adolescence, ils ne découvrent plus que les amertumes, les rancœurs, les blessures et les mutilations dont la guerre a été prodigue et l'espèce de désert qu'elle a laissé partout. Dans ce vide de l'histoire, ils se cherchent.

... cet officier boiteux et poussiéreux dont on lui disait qu'il était l'enfant.

Ils font grief à leurs pères à la fois de leur avoir légué l'héritage d'un échec, d'une faillite, d'une déception monumentale et d'avoir eu une vie plus exaltante que la leur. Ils fuient cette déception en s'exilant du monde réel pour se replier vers celui de l'imaginaire, de la frénésie, de la rêverie (du mythe, dans le cas de Nerval). Mais comme leurs pères continuent à parler la langue de la réalité, dans la prudence, la circonspection, la méfiance qui sont devenues leur lot, ils s'aperçoivent qu'ils n'ont plus avec eux de langage commun, c'est-à-dire de moyen de communication. D'où un tragique dialogue de sourds. C'est celui que l'on peut suivre dans toute la correspondance échangée entre Nerval et son père. Le docteur Labrunie aurait voulu que son fils devienne médecin comme lui (ils feront ensemble quelques visites lors de l'épidémie de choléra de 1832), c'est-à-dire qu'il ait une position relativement stable et sûre. Il n'a qu'antipathie pour la carrière littéraire, qui ne peut à ses yeux rapporter de l'argent ni assurer une assise sociale. Gérard s'épuisera toute sa vie à le convaincre qu'elle peut satisfaire à cette double exigence. Il le fera avec une patience et une humilité incroyables d'où la dévotion filiale, l'affection inconditionnelle et d'ailleurs vraie (*Tu es mon seul parent et presque mon seul ami véritable*, écrit-il en août 1843) ne sont jamais absentes, mais en donnant constamment l'impression de se justifier. Le vieux docteur reste de glace, muré dans son scepticisme, son avarice, son manque de générosité. Dans son incrédulité surtout. Et c'est bien là le plus dur : ce que Gérard semble appeler désespérément, attendre par-dessus tout, est en effet un acte de *foi* en son œuvre, en sa carrière. S'il ne l'obtient pas, sa situation littéraire est irrémédiablement *contestée* à ses propres yeux. Aussi n'a-t-il pas de plus grande crainte, de plus constante obsession que de perdre la face devant son père, de lui apparaître pauvre, démuni de ressources, embarrassé par la vie. La lettre qu'il lui envoie de Vienne le 26 novembre 1839 est un document assez effrayant par les trésors de précaution, les circonlocutions dont il use pour exposer ses difficultés financières et ses besoins, passagers mais pressants (en pure perte : la lettre ne sera pas ouverte). Partout ailleurs dans sa correspondance avec le docteur Labrunie ce ne sont qu'allusions à sa « réputation », à sa « renommée », à son « avenir », à la « considération » dont il jouit, surtout à l'étranger, que protestations de notoriété, d'aisance et d'indépendance. Il avait eu bien raison d'écrire dans ses années d'apprentissage à ce père qui lui survivra : *Les jeunes gens qu'une malheureuse ou* heureuse *vocation pousse dans les arts ont, en vérité, beaucoup*

NAPOLÉON

et

LA FRANCE GUERRIÈRE,

Élégies Nationales

PAR GÉRARD L......

A PARIS,

CHEZ LADVOCAT, LIBRAIRE,

PALAIS-ROYAL, GALERIE DE BOIS;

ET CHEZ LES MARCHANDS DE NOUVEAUTÉS.

1826.

plus de peine que les autres par l'éternelle méfiance qu'on a d'eux.

Tel est le sort de Gérard dès le sortir du collège. Il vient à peine de terminer de bonnes études classiques au lycée Charlemagne où Théophile Gautier est son condisciple, de publier, comme il se doit, quelques poèmes vibrants (ses *Élégies nationales*), que déjà il entre de plain-pied dans la vie littéraire. C'est qu'il vient d'accomplir un exercice beaucoup plus brillant et périlleux que ses premiers vers : la traduction de *Faust* à l'âge de vingt ans. Coup de génie, coup de chance, coup de hasard ? Gérard connaissait médiocrement l'allemand (sans doute son père le lui avait-il enseigné), mais l'œuvre de Gœthe était à la mode et Mme de Staël avait appris durablement à aimer l'Allemagne. Il s'acquitta bien de sa tâche, découvrit peut-être dans le texte qu'il traduisait des clés qui ouvraient les portes de son œuvre future, et s'acquit d'emblée une réputation flatteuse, qu'il ne tarda pas à confirmer en traduisant deux ans plus tard d'autres œuvres poétiques allemandes et en publiant une anthologie de pièces de Ronsard. Il se retrouva tout naturellement avec Gautier, Pétrus Borel, Jehan Duseigneur, Célestin Nanteuil dans les troupes des « Jeune France » et du « Petit Cénacle ». Il assista avec eux à la Bataille d'*Hernani*, il but avec eux le punch dans des têtes de mort. Ces jeunes gens admiraient Victor Hugo et se souvenaient de Napoléon avec fièvre (Gérard tout particulièrement, qui se crut avec obstination « napoléonide » et fit entrer ce phantasme dans nombre de ses rêveries, de ses délires et de ses constructions généalogiques), mais leur temps ne leur offrait que de maigres occasions de gloire et de révolte. S'ils étaient emprisonnés parfois à Sainte-Pélagie, c'était surtout pour tapage nocturne : c'est ce qui arriva à Gérard en 1831, puis au lendemain du complot de la rue des Prouvaires, mais ses *prisons* ne purent être qu'une parodie de celles de Pellico. L'heure n'était pas aux grands défis politiques mais aux révolutions confisquées. Cette génération en fit et refit l'expérience.

Il y avait heureusement les jours de l'impasse du Doyenné, les joies de la « Bohème galante », partagées avec Gautier, Rogier, Houssaye et tant d'autres. Gérard les a évoquées

L'atelier du sculpteur A. Clésinger : sur le divan, fumant une longue pipe, Gérard de Nerval. ▶

Théophile Gautier *Alexandre Dumas*

mieux que personne : avec tendresse et sans illusion. C'est l'époque où il court après les ombres fuyantes des *Cydalises*. C'est l'époque où, comme il l'a écrit dans les premières lignes de *Sylvie*, il paraissait tous les soirs aux avant-scènes d'un théâtre *en grande tenue de soupirant* et restait indifférent au spectacle de la salle et de la scène, *excepté lorsqu'à la seconde ou troisième scène d'un maussade chef-d'œuvre d'alors, une apparition bien connue illuminait l'espace vide, rendant la vie d'un souffle et d'un mot à ces vaines figures* qui l'entouraient. Cette apparition, c'était Jenny Colon : cantatrice légère au Gymnase, aux Variétés, à l'Opéra-Comique, née en 1808 elle aussi, beauté « forte et grasse... à l'embonpoint potelé et soutenu... aux cheveux rutilants et flaves », selon Théophile Gautier. Description qui peut laisser rêveur. Il est difficile de reconnaître en cette femme pratique et laborieuse qui, devenue plus tard l'épouse du flûtiste Leplus, mettra au monde de nombreux enfants et se transformera en véritable bête de théâtre, une héroïne romantique. Et sans doute Gérard a-t-il *rêvé* très tôt Aurélia en Jenny Colon, comme il avait rêvé Adrienne en la douteuse personne de la baronne de

▲ *Quelques-uns des Jeunes France :* ▶

Feuchères. Mais de toute façon les choses changent, vues d'une stalle ou d'une loge. Et le prestige qui s'attache à la *comédienne* est grand dans la conscience romantique. Gérard y cède à la fois comme à une mode et comme à une fascination. Il est dès lors inutile de se demander quelle place tint exactement Jenny Colon dans sa vie réelle, s'il la charmait ou l'irritait, s'il posta les lettres qu'il lui destinait (les étonnantes *Lettres à Aurélia* qui restent une des plus belles œuvres qu'ait produites la littérature amoureuse) ou les garda dans ses poches, s'il en fit sa maîtresse ou demeura impuissant en face d'elle (hypothèse sur laquelle la psychanalyse n'a pas manqué de bâtir une interprétation de son œuvre), s'il l'aima ou se l'imagina. L'important est que cette liaison fut le support concret sur lequel prit appui sa mythologie la plus personnelle et l'indispensable maillon qui relia la chaîne de ses souvenirs à celle de ses « chimères ». Sur le plan strict de la biographie, sa passion pour Jenny fut ruineuse. Il avait fondé pour la magnifier une revue luxueuse, *le Monde dramatique*, qui n'eut

Arsène Houssaye

Alphonse Karr

pas une longue vie mais engloutit rapidement ce qui lui restait de l'héritage de ses grands-parents maternels, après le voyage – son premier voyage – qu'il s'était offert en 1834 dans le midi de la France et en Italie.

C'est un tournant crucial de la vie de Gérard. Plus prudent et plus économe de son bien, il eût peut-être accédé alors à une indépendance matérielle qui lui aurait permis de réaliser son œuvre dans des conditions de travail très différentes de celles qu'il a connues. Au contraire il est conduit à s'engager de ce moment-là et pour toute son existence dans une forme d'activité littéraire si particulière et si contraignante qu'il nous paraît indispensable d'en dégager les principaux aspects et d'en montrer les répercussions sur sa vie comme sur l'ensemble de sa production. Cet homme que ses contemporains ont beaucoup plus connu sous les noms de Gérard – voire de Louis Gérard, de Fritz, de Gerval – que de Gérard de Nerval (ce nom apparaît pour la première fois au bas d'une lettre de 1831) a plus été à leurs yeux un *littérateur* et un journaliste qu'un écrivain et sans doute faut-il voir là l'origine du malentendu qui l'a longtemps confiné dans une position mineure. Or il est parfaitement vrai que sa situation « économique » lui a constamment fait l'obligation d'alimenter les journaux en copie (c'est un mot qui revient fréquemment sous sa plume), d'exercer l'accaparant métier de chroniqueur dramatique – en particulier à *la Presse* où il relaie Théophile Gautier –, et de se transformer périodiquement en feuilletoniste. Nous sommes en un temps où les écrivains qui ne disposent pas de ressources personnelles trouvent dans le journalisme – au sens le plus large du terme – des débouchés qui n'existaient pas auparavant. Mais les journaux, les revues – même celles qui ont un caractère résolument intellectuel comme la *Revue des deux mondes* – ne doivent leur extraordinaire essor qu'à l'existence d'un public avide d'une certaine forme de vulgarisation littéraire aux exigences de laquelle les auteurs se soumettent spontanément. L'écrivain entre dans un système qui influe nécessairement sur la nature de sa production. C'est alors que l'œuvre devient une marchandise qu'il faut *placer*, que la

Jenny Colon, gravure de Maurin.

Frontispice du Monde dramatique. *Eau-forte de Célestin Nanteuil.*

littérature se dégrade à l'état de *copie*. Il nous semble que Nerval a connu plus que tout autre ces servitudes. Il a écrit avec une douloureuse lucidité – dans la lettre à son père de novembre 1839 que nous citions plus haut : *Les hommes de lettres qui, comme Lamartine, Chateaubriand, Devigny, Casimir Delavigne, Hugo, avaient des rentes, une fortune, enfin la vie assurée d'autre part, sont ceux qui sont arrivés le plus loin et même qui ont gagné le plus d'argent, parce qu'ils en avaient déjà et qu'ils n'étaient pas contraints à détourner toute leur force sur un travail stérile comme celui des romans et des journaux, et toutefois séduisant par sa facilité.* Nous n'insisterions pas là-dessus s'il ne nous paraissait que cela a influé fortement sur le caractère même de l'œuvre littéraire de Nerval. Beaucoup de ses écrits, conçus expressément pour des journaux ou des revues, ont été orientés dans leur forme, leur dimension, leur contexture, par les conditions mêmes de leur publication. C'est la pratique littéraire que nous venons de décrire qui explique leur souffle court ou « moyen ». C'est elle aussi qui explique que Nerval ait eu si souvent tendance à utiliser plusieurs fois les mêmes textes, à les remanier, les modifier, les retailler, les maquiller même pour en tirer des « moutures » différentes, à les extrapoler d'une œuvre déjà existante pour les insérer dans une œuvre nouvelle, à en tirer parti de toutes les façons possibles : tout ce qui est récurrence, reprise inlassable et obsédante de certains thèmes, de certains développements dans son œuvre s'en trouve éclairé, même si cela correspond aussi aux lois de sa psychologie et aux structures de son esprit. Bien entendu on peut penser que ces contingences n'ont pas desservi Nerval dans la mesure où elles l'ont obligé à se chercher, à se définir, à écrire toute son œuvre sur deux plans et sur deux registres, à introduire obliquement dans ses livres ce qu'il n'y disait pas directement. Elles n en ont pas moins existé. Et on pourrait les oublier ou s'en féliciter si elles n'avaient eu de graves retentissements sur son existence matérielle.

La rançon de cette activité de journaliste et de littérateur a été en effet une perpétuelle insécurité. Nerval n'a gagné sa vie que par ses publications et on le voit sans cesse occupé à solliciter quelque avance des directeurs de revue ou des éditeurs, à honorer les engagements qu'il a pris, à respecter les délais qu'il s'est fixés. Pour cela il travaille beaucoup (*je suis un homme qui travaille le plus sérieusement possible*, écrit-il en 1851), avec le sentiment précis que, s'il ne travaille plus, il ne peut plus vivre. Aussi ne faut-il pas s'étonner qu'il ait été souvent enclin à solliciter des milieux officiels aides, missions et même secours de toute nature. Il sera à cet égard tributaire de la générosité de certains ministères (notamment celui de l'Intérieur : il a des amitiés efficaces dans le cabinet de Guizot) et n'évitera pas de se placer à plusieurs reprises dans une situation de dépendance vis-à-vis de la Monarchie de Juillet.

C'est par là que s'expliquent plusieurs de ses voyages. Non ses voyages de 1836 et de 1838 qui l'ont mené respectivement en Belgique et en Allemagne pour des raisons personnelles ou pour la préparation de son drame *Léo Burckart*. Mais ses voyages de 1839 en Autriche, où il est envoyé en mission officieuse, et de 1840 en Belgique, où il effectue une enquête sur des questions de propriété et de contrefaçon littéraires. Nerval est à ce moment-là un personnage assez brillant, qui s'est acquis au théâtre une certaine renommée – avec *Piquillo*, *Léo Burckart*, *l'Alchimiste* – et apparaît à l'étranger comme un représentant typique de la vie littéraire parisienne : il se révèle un voyageur-né, il est un bon ambassadeur de son pays, il fait excellente figure dans la haute société française de Vienne. Il est sorti de sa crise sentimentale : la rencontre qu'il fait dans la capitale autrichienne de la pianiste Marie Pleyel - véritable héroïne romantique, elle, avec ses yeux sombres et ses bandeaux noirs –, si elle le trouble et réveille son inquiétude, comme en porte témoignage le récit de *la Pandora*, l'aide aussi à dépasser sa passion et son angoisse dans le sens du mythe. C'est sur l'entremise de Marie Pleyel qu'il reverra Jenny Colon en décembre 1840 à Bruxelles où vient d'être représenté *Piquillo :* elle est désormais, et depuis deux ans, la femme d'un autre. Elle est toujours Aurélia.

Quand Gérard rentre en France, c'est la fin du mirage.

... Baden, cette ville d'hôtelleries assise au flanc d'une montagne que ses maisons gravissent peu à peu comme un troupeau à qui l'herbe manque dans la plaine.

Il retrouve soucis, problèmes, échéances. Il a mené à bien des œuvres d'importance comme sa traduction du *Second Faust*, mais d'autres travaux l'attendent. Il est repris dans le cycle du labeur et de l'insécurité. Et cette fois cela le conduit à la psychose. 1841 est l'année de sa première crise. Il est soigné de mars à novembre chez le docteur Esprit Blanche à Montmartre. Il s'agit indiscutablement de folie : exaltation nerveuse, états extatiques, dissociation de la personnalité, surtout sans doute *théomanie*. Gérard fixe au charbon ses « impressions » sur les murs de sa chambre : la Reine de Saba y voisine avec la figure d'un roi. C'est toute son expérience souterraine qui surgit au grand jour, enrichie de l'ensemble des rêves, des visions, des souvenirs, des chocs affectifs et émotionnels des dernières années. Mais il serait imprudent de négliger le reste : les impitoyables rigueurs de la condition morale et matérielle du poète. Il en a témoigné suffisamment lui-même dans la lettre d'amers reproches qu'il adressa un peu plus tard à Jules Janin, auteur d'une désinvolte « épitaphe » de son esprit – parue en mars 1841 dans *les Débats : Je suis toujours non moins reconnaissant qu'affecté de passer pour un fou sublime grâce à vous, à Théophile, à Lucas, etc., je ne pourrai jamais me présenter nulle part, jamais me marier, jamais me faire écouter sérieusement* (c'est la seule fois qu'il parle de mariage, et l'on peut penser que cette plainte, étrange dans sa bouche, exprime justement une profonde nostalgie d'équilibre et de sécurité). Il conclut en disant son espoir de pouvoir renoncer désormais *au triste métier d'écrivain.* Cette lettre jette un jour très vif sur l'inquiétude qu'il ressentait à être diminué aux yeux du public par sa maladie et elle montre que celle-ci, loin de lui être une auréole ou un apanage romantique, a été vécue par lui comme un doute, une menace, une angoisse, une lutte épuisante : la conscience qu'il aura de sa folie ne fera qu'accroître la précarité de sa situation en entrant dans le cycle même de sa psychose et en devenant un nouvel élément – le plus grave de tous – de son insécurité.

Quoi qu'il en soit, la crise de 1841 marque une étape importante de l' « organisation » de son œuvre. Toutes sortes

L'Alchimiste, *lithographie de Célestin Nanteuil.*

de documents indiquent qu'à travers son expérience du rêve et du désordre mental de nombreux thèmes se fixent, de nombreuses pensées et réflexions se cristallisent, qui entreront dans ses écrits à venir. Il semble même aujourd'hui probable qu'une première version d'*Aurélia* – en fait des chapitres initiaux d'*Aurélia*, ceux qui décrivent précisément la crise de 1841, les événements et les rêves qui s'y rattachent – datent de cette époque (qui est aussi celle de la mort de Jenny Colon : juin 1842).

Cette exploration de son univers intérieur, Nerval va la poursuivre en Orient. C'est le premier jour de 1843 qu'il s'embarque à Marseille à destination de l'Égypte. Ce voyage n'est pas comme les autres. S'il prend l'allure d'une expédition pittoresque, mise sur pied grâce aux avances consenties par quelque libraire, il apparaît d'abord comme une vaste tentative de dépaysement, de renouvellement, de reconquête de soi : *Il fallait sortir de là*, a dit Gérard, *par une grande entreprise qui effaçât le souvenir de tout cela et me donnât aux yeux des gens une physionomie nouvelle.* Ce sera en fait une extraordinaire épopée mentale. A Alexandrie, au Caire, à Beyrouth, à Constantinople, ce que Gérard découvre, ce ne sont pas seulement les boutiques, les bazars, les conteurs arabes, les jongleurs, les derviches, c'est tout un monde d'allégories spirituelles et d'initiations obscures, un étrange univers de la *connaissance* que les lectures ésotériques, les réminiscences livresques, la fréquentation des bibliothèques l'aident à explorer mieux que l'observation. De là à dire que ce voyage en Orient a d'abord été « imaginaire » et que Gérard a surtout voyagé en lui-même en décrivant ses obsessions à travers *l'Histoire de la Reine de Saba* ou sa folie à travers celle du *Calife Hakem*, la distance est courte. Mais ne nous y trompons pas : Nerval a *vu* aussi beaucoup de choses, il a été aussi un extraordinaire « reporter ».

Aussi dès son retour, à la fin de 1843, va-t-il se préoccuper de regrouper ses notes et ses documents pour bâtir un important ouvrage. C'est une nouvelle période active et laborieuse qui s'ouvre dans sa vie. Il travaille pour les journaux, il travaille pour le théâtre, il prend même le temps d'inventer

« ... un visage éclatant comme le pâle reflet de la lune. » Marie Pleyel.

une machine à imprimer – le curieux stéréographe dont il demande le brevet en 1844 (stimulé sans doute par l'exemple de Laurent Coster et des héros de la « connaissance » que sont les grands imprimeurs, peut-être soucieux comme Balzac de renverser le cours de la fortune par quelque invention ou spéculation fructueuse). Il s'accorde d'assez nombreuses évasions : en Belgique et en Hollande, à Londres (en 1845 et en 1849), en Allemagne où il retourne en 1850. Il prend aussi l'habitude, à partir de 1846, de faire des excursions dans le Valois qui lui permettent d'aller à la rencontre de ses souvenirs d'enfance et de rassembler des impressions, des notations qu'il utilisera bientôt. Les événements de 1848 retiennent son attention sans l'ébranler ni bouleverser sa vie : un instant, vers 1850, il polémiquera dans certaines de ses lettres au sujet des avantages qu'il est supposé avoir obtenus du gouvernement de Louis-Philippe. Il regarde passer l'histoire avec scepticisme, prenant acte d'une nouvelle révolution manquée (mais profitant de l'intérêt général alors porté au socialisme pour étendre à ce domaine ses curiosités ésotériques). En fait, au cours de ces années troublées, ce sont ses entreprises théâtrales qui l'occupent le plus. Successivement ses *Monténégrins*, son *Paris à Pékin*, son *Chariot d'enfant* l'accaparent. Ce sont des œuvres généralement exécutées en collaboration, relevant plutôt du grand spectacle ou de l'opéra-comique que du vrai théâtre, et Gérard y accomplit un travail médiocre de scénariste, d'habile faiseur : il n'en accorde pas moins à ces tentatives une grande importance, convaincu sans doute qu'elles lui conféreront la vraie gloire, sa vraie place – celle d'auteur dramatique –, lui apporteront enfin la fortune et le succès. Elles lui ménagent en réalité beaucoup de désillusions et d'amères surprises. Chaque échec ébranle ses nerfs et le déprime.

Celui de *l'Imagier de Harlem*, prématurément retiré de la Porte Saint-Martin au début de 1852, lui cause une déception si vive (il eut, selon Méry, un éclat de rire nerveux, se saisit le front, le visage convulsé, et des larmes montèrent à ses yeux) que sa santé est de nouveau gravement altérée. Il avait eu pourtant des motifs de satisfaction comme le traité passé

Vue de Constantinople

avec Charpentier pour l'édition définitive du *Voyage en Orient*. Mais dès 1850 il avait connu une nouvelle phase de dépression et avait dû être soigné. L'année suivante, une chute malencontreuse avait encore aggravé son état. Le voilà derechef sur le chemin des maisons de santé. Après celle, à Passy, du docteur Émile Blanche (fils du docteur Esprit Blanche qui l'avait traité en 1841), c'est la maison de santé municipale Dubois qui l'accueille. Il entre désormais dans une période de sa vie où internements et hospitalisations se succéderont à un rythme serré, où le désordre de l'esprit, en dépit de nombreuses et longues rémissions, le submergera de plus en plus. Il est caractéristique que ce soit celle de ses chefs-d'œuvre.

En effet, les crises de 1851-1853 paraissent coïncider avec une étonnante recrudescence de l'inspiration et du travail de Nerval, probablement parce qu'elles le détournent des besognes de circonstance, des tâches secondaires et forcent en même temps – par les chocs qu'elles produisent sur sa sensibilité, son imagination et sa mémoire – le meilleur de son génie à s'exprimer. En 1852, il travaille – au retour d'un court voyage en Hollande, provisoire manifestation de liberté – à *Lorely*, aux *Illuminés*, à *Sylvie*. En 1853, il continue *Sylvie* – avec quel soin et quelle rigueur – qu'il publie bientôt dans *la Revue des deux mondes*, il fait paraître *El Desdichado*, il réunit *les Filles du feu* et achève *les Chimères*, il met au point *les Nuits d'octobre*. Il bénéficie d'ailleurs (enfin) de conditions de travail relativement favorables puisque chez le docteur Blanche à Passy, où il séjourne depuis l'automne de 1853, il a pu faire venir ses meubles et ses affaires, et se trouve en quelque sorte chez lui, au calme, dans une atmosphère de sollicitude et de compréhension. Le docteur Blanche était un praticien remarquable qui le traita avec beaucoup d'intelligence et d'amitié (non sans quelque mérite, car l'état du malade s'était détérioré jusqu'au délire furieux et Gérard se comporta souvent envers Blanche d'une manière difficile, tantôt maladroitement familier, tantôt au contraire soupçonneux, défiant, rebelle). A une époque où bains et purgations de toute sorte étaient encore fort en usage dans le traitement

La maison de santé du docteur Dubois

J'arrivai en vue d'une vaste plage... couverte d'une espèce de roseaux de teinte verdâtre.. Sur l'autre versant, je vis s'étendre une ville immense. *Eau-forte de Bresdin.*

des troubles mentaux, il semble avoir eu à cœur d'être vraiment le médecin de son esprit, de le soigner moralement, anticipant en cela, parfois avec audace, sur les méthodes de la psychiatrie moderne. C'est dans une intention thérapeutique qu'il lui conseilla de transcrire ses rêves et de coucher sur le papier, pour s'en débarrasser, toutes les visions et fantasmagories maladives qui peuplaient son esprit (Gérard le dit expressément dans la lettre qu'il lui adresse le 3 décembre 1853). Il fut ainsi probablement à l'origine de la version définitive d'*Aurélia*.

Cette œuvre où il devait mettre le plus riche de lui-même, résumer et interpréter son expérience, Nerval y travailla pendant toute l'année 1854. Une seule interruption, importante il est vrai : le voyage qu'il fit en Allemagne de mai à juillet. N'était-ce pas une imprudence, une entreprise téméraire ? Sans doute, mais Gérard n'était-il pas allé jusqu'à songer à un nouveau départ pour l'Orient ? Et ce voyage – le dernier – qui le ramenait vers une terre maternelle prenait le sens d'un pèlerinage aux sources : l'hypothèse d'une visite de recueillement qu'il aurait faite à la tombe de sa mère à Glogau a pu être avancée. De toute façon, et en dépit même du nouvel ébranlement – assez grave – que lui cause ce voyage, il est de plus en plus impatient de se retrouver libre et supporte mal désormais les limites que son internement impose à son activité. Revenu en août à la maison du docteur Blanche, il n'aspire qu'à la quitter. Il en sortira en octobre sur une intervention de la Société des gens de lettres, non sans que le médecin fasse les plus expresses réserves sur cette remise en liberté : mais Blanche sentait que Gérard était irrité à son endroit et, renonçant à lui donner des soins « qui n'étaient plus accueillis avec confiance » (comme il le lui dit dans une lettre remarquable d'honnêteté et de franchise du 9 novembre 1854), il se résout sur ses instances réitérées à le rendre à ses amis et à sa famille.

En fait, personne ne prendra de responsabilité vis-à-vis de Nerval. Il va connaître une existence désordonnée et errante. Pas de domicile fixe, pas de ressources sérieuses, pas même de manteau à l'approche d'un hiver qui va être particulièrement rigoureux (*Le froid est tonique,* dira-t-il, *les Lapons ne sont jamais malades*). C'est cette existence qui le conduira tout droit au suicide. On le trouve à l'aube du 26 janvier 1855 – Paris est sous la neige, il fait — 18° – pendu à une grille de la rue Basse de la Vieille-Lanterne au cœur d'un des quartiers pittoresques et sordides du vieux Paris, dans l'actuelle zone de la place du Châtelet. Ses dernières visites avaient été pour des amis dont il espérait sans doute quelque assistance, quelque promesse de travail, et pour un de ces cabarets des Halles où l'amenait son noctambulisme chronique.

Insatiable vampire l'éternelle Luxure
Sur la Grande Cité convoite sa pâture.

La première partie d'*Aurélia* venait de paraître dans la *Revue de Paris*, la seconde était encore en épreuves.

On a beaucoup écrit sur la mort de Nerval. On a mis en doute son suicide. Lorsqu'on l'a admis, on l'a expliqué des façons les plus diverses : par la folie, par la névrose sexuelle, par les lois d'une psychologie obscure, par des exigences spirituelles, par l'approfondissement d'une expérience mystique. Il y a probablement une part de vérité dans chacune de ces vues. Et il est de toute façon bien certain que le désordre de son esprit avait mis Gérard en état de moindre résistance psychique. Il nous semble pourtant que la misère matérielle et morale constitue la plus décisive des explications. Nerval a péri victime du système impitoyable dans lequel l'avaient irréversiblement engagé les conditions de son travail. S'il était mis par la maladie dans l'impossibilité d'écrire, de produire, de donner de la *copie*, il ne pouvait plus survivre. Tout atteste que ses derniers jours ont été dominés par cette hantise. Il avait dit peu avant sa mort à l'un de ses amis, Louis Legrand : *Je passe des heures entières à me retrouver. Je n'en finirai jamais... Croyez-vous que je puisse écrire à peine deux lignes par jour tant les ténèbres m'envahissent ?* Et à Asselineau, le 25 janvier au matin : *Je ne sais ce qui va m'arriver, mais je suis inquiet. Depuis plusieurs jours, je ne puis littéralement plus écrire une ligne. Je crains de ne plus pouvoir rien produire...* L'angoisse qu'il éprouvait devant la perte de ses facultés créatrices reflétait la conviction où il se trouvait de ne plus pouvoir faire face à ses obligations, de se heurter à une impasse absolue, s'il n'écrivait plus. Il est caractéristique que les frais de son enterrement aient été couverts par les rémunérations qui lui étaient encore dues pour quelques articles.

Ne m'attends pas ce soir, car la nuit sera noire et blanche, écrivait-il à la tante qui l'hébergeait, dans son tout dernier billet. Il avait compris que, s'il ne pouvait plus assumer son personnage littéraire, il valait mieux le détruire. Il libérait du même coup l'autre partie de lui-même. Gérard Labrunie était mort et Gérard de Nerval était né.

Le Stryge. Eau-forte de Méryon.

Section St Merry

VILLE DE PARIS
COMMISSAIRE DE POLICE
Son SAINT-MERRY

Monsieur,

Je m'empresse de vous informer que toutes les informations que j'ai prises, au reçu de votre lettre en date d'hier, n'ont fait que me confirmer dans la pensée que Mr Gérard de Nerval s'est suicidé, ainsi que je l'ai constaté dans mon procès-verbal.

Veuillez agréer, Monsieur, l'assurance de ma considération distinguée.

Le Commre de police,

29 Janv. 1855. Blanchet

Monsieur Arsène Houssaye.

◀ *Rue Basse de la Vieille-Lanterne*

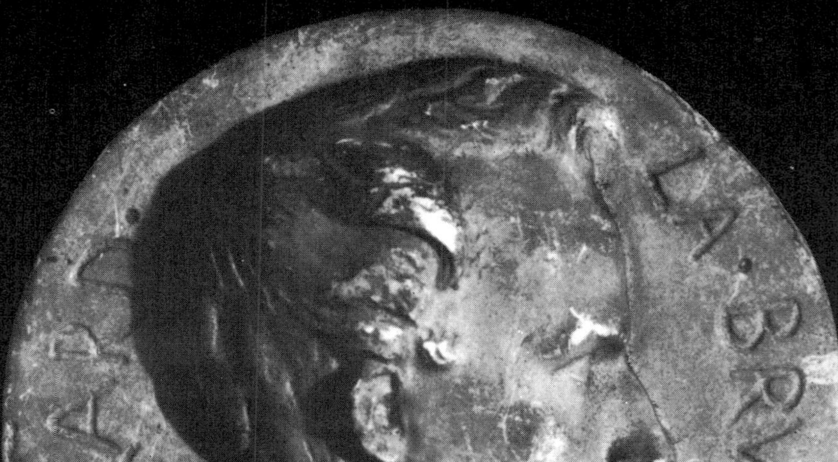

LA · BRVNIE
1831

LE TEMPS DÉLIVRÉ

Nerval, au cours de cette vie d'homme, a, comme tout le monde, vieilli. Il fait allusion çà et là dans ses lettres, notamment au cours de son voyage en Orient, à sa vue basse, aux cheveux qu'il n'a plus, à son corps qui engraisse. Il n'est peut-être pas inutile de considérer, à travers les images ou les descriptions que nous possédons de lui, ce qu'il a été, ce qu'il est devenu, comment le voyaient ses contemporains, comment il se voyait lui-même : bref de tenter un « portrait du poète à différents âges de sa vie ».

En 1831, sur le médaillon de bronze où Jehan Duseigneur fixe son profil, il apparaît comme un jeune homme de vingt-trois ans, mince, nerveux, le cou bien dégagé, le front bombé, les cheveux blonds, un jeune dieu romantique, et déjà, comme il l'écrira avec nostalgie à Jenny Colon, *une célébrité parisienne.* En 1840, selon Philibert Audebrand, « Gérard conservait l'allure jeune et les manières chevaleresques dont a fait parade la génération de 1830. Il portait la barbe en bouc, une barbe châtaine qui le faisait ressembler à un portrait peint par Van Dyck. Sa figure, légèrement émaciée, était animée d'un regard plein de feu et imprégné d'un peu de

Nerval à 23 ans. Médaillon de bronze de Jehan Duseigneur.

GÉRARD DE NERVAL

Je suis l'autre –

malice. De taille moyenne, un peu frêle sans être maigre, il était mis comme devait être à cette époque un écrivain déjà fêté par le succès, pas trop d'élégance, pas trop de négligence non plus ». Treize ou quatorze ans encore et c'est la célèbre, la pathétique photo réalisée par Nadar. Personne ne l'a mieux regardée qu'Albert Béguin, et personne n'en a mieux parlé : « Il reste ce visage de la photo de Nadar, qui est sans doute le portrait le plus révélateur d'un homme que la chambre noire ait jamais emprisonné dans sa nuit. Il reste que Nerval, c'est ce visage-là, ce regard intelligent, un peu inquiet, surtout bon et humble. C'est ce collier de barbe mal soignée, cette calvitie si peu ressemblante aux crânes chauves de la bourgeoisie Louis-Philippe, cette pauvreté si digne et cependant offerte si simplement aux regards de qui veut la voir. Ce sont ces mains encore, oisives et lasses, posées sur les vieux genoux du vagabond, de ces mains dont on dit que l'ouvrier au repos « ne sait que faire ». Il a plein la tête de travail à donner à ses mains, des livres et des livres à écrire encore, dont il a dressé la liste ; mais non, il reste là, immobilisé dans cet instant de pose devant le photographe, qui pourrait être n'importe quel autre instant, car quelque chose encore le fige, quelque chose que sa langue, la plus subtile du monde, ne saurait nommer. »

Tel est le dernier Nerval. Le dernier et sans doute aussi le *vrai*, car une réaction aussi affectueusement clairvoyante que celle de Béguin, la découverte aussi pénétrante d'un homme dans une simple image ne s'expliquent que par l'intuition irréfutable d'une vérité, d'une évidence « physiques ». Or cette image vraie de lui-même, Gérard la récusait avec angoisse. Le 31 mai 1854, lors de son passage à Strasbourg, sur la route de l'Allemagne, il écrit à son ami Georges Bell qu'il tremble de découvrir aux étalages des libraires *un certain portrait* gravé d'après la photo de Nadar : *L'artiste est un homme de talent*, dit-il, *mais... il fait trop vrai !* Et il ajoute à l'intention de son correspondant : *Dites partout que c'est mon portrait ressemblant, mais posthume.* Il annotera d'ailleurs de sa propre main un exemplaire de la gravure, inscrivant dans le bas les mots : *Je suis l'autre*, précédés d'un point

Gravure de Gervais, annotée par Nerval lui-même : Je suis l'autre.

d'interrogation et suivis d'un sceau de Salomon. Ce n'est pas le « Je est un autre » de Rimbaud. C'est une observation plus modeste et d'un accent pourtant plus grave. Nerval semble nous dire qu'il serait imprudent de ne voir en lui que le personnage immobilisé par ce portrait : il est aussi l'homme qui, en moins de trente années, est passé des campagnes du Valois, d'un monde de jeunes filles en fleurs à celui de la bohème galante, des amours de Paris à celles de Vienne, de l'Allemagne à l'Orient, de l'Orient aux arcanes des maisons de santé, de la folie au rêve et du rêve à la mort. Et cet itinéraire, il ne peut en prendre la mesure sans affolement. Il ne peut, comme Orphée, regarder en arrière sans s'exposer à des périls dont il sait la gravité. Il était incapable de « jeter un regard sur les espaces parcourus », a dit Arsène Houssaye, sans un affreux sentiment d'inquiétude.

C'est que la découverte de l'irréversibilité du cours du temps est aussi la découverte de l'*identité* impossible (et, bien sûr, les photos seules – comme celle de Nadar – peuvent être dites « d'identité »). Le vieillissement est générateur d'une contradiction insurmontable dans la mesure où il met en cause l'unité de notre personnalité par une altération quotidienne du moi qui peut être ressentie comme une évolution mais aussi comme une série de modifications radicales, et en même temps nous contraint à une définition de plus en plus précise de nous-même sous la pression d'un « complexe » de souvenirs, de jalons, de repères, de références toujours plus nombreuses à ce qu'il convient d'appeler le passé [1]. On se perd alors en même temps qu'on se trouve. On refuse de se regarder en face en même temps qu'on se découvre un autre. C'est sans doute l'attitude de Gérard en face de son portrait. Plus que quiconque il a éprouvé que la sollicitation qui conduit l'homme à rebrousser le cours du temps est la même que celle qui l'incline à chercher le permanent, l'identique au fond de lui-même. Du bateau qui le ramène d'Orient en 1843, approchant des côtes d'Italie

1. Cf. le remarquable article d'André Gorz : « le Vieillissement », *les Temps modernes*, décembre 1961.

La célèbre photo réalisée par Nadar. « ... Nerval, c'est ce visage-là, ce regard intelligent, un peu inquiet, surtout bon et humble. » (A. Béguin)

où il était allé dix années plus tôt, il écrit à Jules Janin : *Quant à mes dix ans d'intervalle, ils sont bien perdus ; et pourtant je me sens le même... qu'y a-t-il donc de changé ? Rien, ma foi, rien du tout, rien je crois.* Aussi ne faut-il pas s'étonner qu'un des mouvements les plus secrets de son être soit dans une interrogation alternée sur son identité – une interrogation qui prend la forme d'un balancement, d'une oscillation perpétuelle d'une personnalité supposée à l'autre. Le schéma en est donné par le vers célèbre de *El Desdichado*

Suis-je Amour ou Phœbus ?... Lusignan ou Biron ?...

dont on a dit à juste titre qu'il devait s'entendre comme une double disjonction. On serait tenté de remarquer qu'en fait la disjonction est une des figures fondamentales de la rhétorique intime de Nerval. C'est elle qu'on retrouve dissimulée derrière des expressions-charnières comme *tour à tour, tantôt... tantôt :*

Modulant tour à tour sur la lyre d'Orphée
Les soupirs de la sainte et les cris de la Fée
(*El Desdichado*)

Il a vécu tantôt gai comme un sansonnet
Tour à tour amoureux, insoucieux et tendre,
Tantôt triste et rêveur comme un triste Clitandre
(*Épitaphe*)

C'est elle encore qui se reflète dans des témoignages qu'ont laissés sur Nerval des contemporains, par exemple la notice nécrologique prématurée que rédigeait en 1841 Janin et sur laquelle le poète médite avec ironie dans la préface des *Filles du feu* (preuve qu'elle avait retenu son attention). On peut y lire : « *Tantôt* il est le roi d'Orient Salomon, il a retrouvé le sceau qui évoque les esprits, il attend la reine de Saba... *Un autre jour*, il se croit fou et il raconte comment il l'est devenu... *tantôt* enfin c'est la mélancolie qui devient sa muse et alors retenez vos larmes... » Il est bien vrai que dans cette manière de se dérober continuellement à un personnage pour se chercher dans un autre se révèle une des structures essentielles du comportement mental de Gérard, liée sans doute au caractère cyclothymique de sa psychologie. Il faut se garder d'y voir l'expression d'un conflit, d'un combat intérieur du type de celui que décrivent les lignes du *Faust* de Gœthe inscrites en exergue à *la Pandora :* « Deux âmes, hélas! se partagent mon sein et chacune d'elles veut se séparer de l'autre : l'une, ardente d'amour, s'attache au monde par le moyen du corps ; un mouvement surnaturel entraîne l'autre, loin des ténèbres, vers les hautes demeures de nos aïeux. » En effet, c'est moins d'une division de l'âme qu'il s'agit chez Nerval, d'une occupation de la conscience par les postulations simultanées dont parlait Baudelaire, que d'une succession de « disponibilités », d'attitudes en face de la vie motivées par les lois mêmes du déroulement du temps, les règles de l'âge, l'ordre cyclique des événements. Dans la mesure où ces attitudes expriment un affrontement au réel – une série d'affrontements au réel –, il est normal qu'elles débouchent sur une mythologie du héros. Le personnage nervalien s'incarne alors dans une diversité de figures dont les apparitions se succèdent ou se superposent selon un rythme circulaire affranchi des contraintes du temps. Gérard a parfaitement traduit cela dans une phrase (encore de la préface des *Filles du feu*) qui est peut-être une des plus révélatrices qu'il ait écrites : *Du moment que j'avais cru saisir la série de toutes mes existences antérieures, il ne m'en coûtait pas plus d'avoir été prince, roi, mage, génie et même Dieu, la chaîne était brisée et marquait les heures pour les minutes.* Cela signifie que le doute inhérent à toute interrogation que nous formulons sur notre identité ne peut s'abolir que par l'abolissement du *temps* qui le justifie et le fonde. Les *existences antérieures* ne sont pas seulement celles dont nous parle la métempsychose : elles sont aussi celles de la biographie qui supposent à leur manière une transmigration de personnalité. Les assumer toutes, c'est vivre dans l'alternance et défier la chronologie. Cela n'est possible que pour qui se place au-dessus de la condition de l'homme. Il est bien clair que pour Nerval celle-ci se définit essentiellement par le *temps.* L'entreprise littéraire – dont il sait bien qu'elle est la seule à pouvoir rendre quelque héroïcité à l'homme – aura donc pour mission première de dominer, de délivrer le temps. Si tel n'est pas son sens avoué, sa vocation apparente, peu importe : elle aura toujours, au-delà des contingences qui pèsent sur elle, un second degré de signification où lui sera restitué instinctivement par le poète ce pouvoir secret.

Il faudra que son « action » soit subtile. *Je ne demande pas à Dieu de rien changer aux événements, mais de me changer relativement aux choses*, écrit Nerval dans des pensées regroupées sous le titre *Paradoxe et Vérité*. Il demande la même chose à la littérature : qu'elle ne modifie pas les événements de sa vie, qu'elle les préserve au contraire dans leur vérité, leur simplicité, leur pureté, mais qu'elle révise, reconstruise la destinée de celui qui les a vécus, hors des limites de la temporalité. On comprend que Proust ait été particulièrement sensible à ce genre de « projet ».

Il est nécessaire en effet de revenir à Proust. Sans référence à son œuvre, on ne peut comprendre une bonne partie de celle de Nerval. Non qu'il s'agisse de filiation de l'un à l'autre, mais simplement parce que Proust – nous l'avons indiqué dès le début de cet ouvrage - s'est montré, à la lumière de son expérience personnelle, d'une singulière clairvoyance en face des plus secrets mécanismes du récit nervalien. Il est d'ailleurs significatif que ses analyses concernent surtout *Sylvie*. C'est dans un article intitulé *A propos du « style » de Flaubert* et publié en 1920 dans la *N. R. F.* (connu donc avant les inédits du *Contre Sainte-Beuve*) qu'il a expliqué spontanément – à l'occasion d'une discussion de certain jugement de Thibaudet sur la manière d'écrire de Flaubert – ce qu'il apercevait dans cette nouvelle : « Ouvrez les *Mémoires d'outre-tombe*, a t-il écrit, ou *les Filles du feu* de Gérard de Nerval. Vous verrez que les deux grands écrivains qu'on se plaît – le second surtout – à appauvrir et à dessécher par une interprétation purement formelle, connurent parfaitement ce procédé de brusque transition [Proust parle du procédé de transition romanesque fondé sur l'utilisation du phénomène de mémoire]. Quand Chateaubriand est – si je me souviens bien – à Montboissier, il entend tout d'un coup chanter une grive. Et ce chant qu'il écoutait si souvent dans sa jeunesse, le fait tout aussitôt revenir à Combourg, l'invite à changer et à faire changer avec lui le lecteur de temps et de province. De même la première partie de *Sylvie* se passe devant une scène et décrit l'amour de Gérard de Nerval pour une comédienne. Tout à coup ses yeux tombent sur une annonce : « Demain les archers de Loisy, etc. ». Ces mots évoquent un souvenir ou plutôt deux amours d'enfance : aussitôt le lieu de la nouvelle est déplacé. Ce phénomène de mémoire a servi de transition à Nerval, à ce grand génie dont toutes les œuvres pourraient avoir pour titre celui que j'avais donné d'abord à une des miennes : *les Intermittences du cœur.* »

On remarquera cette dernière expression qui semble faire allusion d'une manière précise au rythme « alternatif » dont nous parlions plus haut à propos de certaines conduites nervaliennes en face du passé. Proust se demande précisément dans la suite de son texte si les *intermittences du cœur* chez Gérard ne dérivent pas de structures psychologiques particulières et même de la folie : il répond que, selon lui, l'état de folie confinant à un état « second » qui est celui du rêve ou de la rêverie devenue ineffable, peut se confondre avec le « normal » dans ce genre d'expérience créatrice (et cette fois d'ailleurs c'est sur sa propre œuvre, réputée lucide, documentaire, descriptive, réaliste même au moins dans certains de ses aspects, que Proust jette une lumière insolite). Et pourtant l'auteur du *Temps retrouvé* insiste chaque fois qu'il le peut sur la maîtrise intellectuelle de Nerval, sur la rigueur, la perfection de son art. « Peut-être y a-t-il encore un peu trop d'intelligence dans sa nouvelle », dit-il en manière d'unique reproche. Baudelaire ne s'y était pas trompé, qui déjà rendait hommage à « l'intelligence brillante, active, lumineuse » de Gérard.

Si nous nous sommes étendu sur ce point de vue proustien, c'est qu'il apporte à l'œuvre « intelligente » qu'est en effet *Sylvie* un éclairage incomparable. C'est dans cet éclairage qu'il est intéressant de tenter une analyse de la nouvelle comme exemple privilégié du rôle que joue la temporalité dans l'œuvre de Nerval.

On remarquera d'abord que le récit est écrit à la première personne et que, du fait de l'intervention discrète mais insistante de ce *Je* qui parle, l'histoire racontée nous est automatiquement livrée dans une certaine optique où la subjectivité domine. Il en découle un accent, un style et une forme bien définie de narration qui peuvent d'emblée faire songer au roman proustien. Mais pas plus que le narrateur de *A la recherche du temps perdu* n'est Proust, celui de *Sylvie* n'est Gérard. Nous retrouvons ce « récitant » toujours situé en deçà ou au-delà de la personnalité de l'auteur, toujours en position de décalage par rapport à elle. Le jeune homme qui parle, nous ne l'appelons Gérard de Nerval que pour notre commodité. Il est plus libre, plus vrai, chargé d'une expérience plus précise, plus intense, il se meut dans un univers décanté que les scories de l'existence ont cessé d'alourdir. Et il peut s'offrir le luxe de vivre et de dire une histoire plus exemplaire que réelle dont les événements et les images prennent valeur de symbole (toutefois le seul sous-titre de l'œuvre, *Souvenirs du Valois*, suffirait à montrer que l'auteur ne refuse pas tout à fait l'idée d'une confusion possible et qu'il est conscient de son engagement personnel dans le récit).

Ce narrateur parle à une époque indéterminée mais qui se confond avec celle de la rédaction de *Sylvie* et qu'il nous faut bien appeler le *présent* puisque le récit est rédigé, dès ses premières lignes, à l'imparfait. Ce présent correspond à un certain plan de réalité (appelons le Plan A) dont l'existence doit être sentie d'une manière plus relative qu'absolue. Il apparaît en effet surtout comme un lieu de référence *par rapport* auquel l'histoire racontée se situe bien dans le passé, dans le monde de la mémoire ; c'est lui qui donne à *Sylvie* ses dimensions essentielles, en permettant aux différents souvenirs évoqués dans le récit de prendre leurs distances respectives *par rapport* à lui. C'est sur lui et par lui que se fonde l'unité de la narration dans un texte qui, sans cela, perdrait sa cohésion, se disperserait, s'effriterait à travers des moments multiples difficiles à relier. Il est évident qu'un tel plan se confond avec la vie actuelle du narrateur et que l'unité qui en découle peut aussi bien être perçue comme

... *Les* eaux dormantes *et les* peupliers effeuillés *de Mortefontaine*

provenant de la constante présence de ce *Je*, de cette première personne que nous définissions tout à l'heure.

Bien que se situant chronologiquement en 1852 ou 1853 – au moment des excursions de Gérard dans le Valois – ce Plan A n'a pas nécessairement une valeur d'authenticité. Sa nature peut être fictive (de la même façon que le narrateur, nous l'avons dit, n'est pas Nerval) : lorsque l'auteur nous expose que *maintenant* il retourne souvent chez le pâtissier qui a épousé Sylvie, qu'il revoit avec plaisir celle-ci, qu'il est accueilli par les cris joyeux de ses deux enfants, nous savons que cela n'est pas *vrai*. Le plan A n'a qu'une valeur de référence – une valeur littéraire, romanesque –, il n'est pas extérieur à la fiction du récit : il y est enclos. Aussi Nerval n'hésite-t-il pas à lui donner une place autre que virtuelle au moins dans un chapitre, le dernier : au moment où, les souvenirs déroulés, il est permis de se dégager d'eux pour prendre définitivement conscience de leur éloignement, Gérard laisse reparaître à la surface du récit ce plan qu'il ne nous avait laissé voir que par transparence en le maintenant immergé sous le flot de la mémoire. *Telles sont les chimères qui charment et égarent au matin de la vie... je cherche parfois à retrouver mes bosquets de Clarens... Je vais coucher d'ordinaire à* l'Image Saint-Jean... *Je descends gaiement et je vais faire un tour chez le pâtissier... Le sourire athénien de Sylvie illumine ses traits charmés...* : brusquement le temps du présent surgit! Nous ne l'avions auparavant rencontré qu'une fois, au cœur du chapitre VII *(En me retraçant ces détails, j'en* suis *à me demander s'ils sont réels, ou bien si je les ai rêvés)*. Mais il est trop évident que cette résurgence était comme involontaire : Gérard, parvenu à un moment d'exceptionnelle intensité de son récit ne pouvant maîtriser un mouvement de style dans lequel il s'interrogeait soudain sur ce qu'il était en train d'écrire, se révélait brutalement en tant qu'*auteur*, avouait un trouble (peut-être même est-ce le seul endroit de *Sylvie* où le narrateur et Nerval s'identifient véritablement). Bien entendu, nous ne confondons pas ce présent avec le faux présent, dit « historique », qui intervient plusieurs fois, notamment au début de ce même chapitre VII lorsque est dépeinte la randonnée en voiture vers Loisy *(Il est quatre heures du matin ; la route plonge dans un pli de terrain, elle remonte...)*, et qui ne traduit qu'un effort de Nerval pour rendre ses souvenirs avec autant de force et de relief qu'il les revit.

Si maintenant nous nous reportons au début de *Sylvie*, nous découvrons un second plan (le Plan B) qui représente une autre époque de la vie de Gérard, de sa jeunesse (mais la biographie nervalienne nous enseigne aisément que nous sommes en 1835). Il s'agit bien d'une époque, et non d'un instant, car selon Gérard lui-même, la situation dans laquelle il se trouve dure *depuis un an :* tous les soirs il s'installe aux avant-scènes d'un théâtre pour y attendre et y admirer une *apparition bien connue* – Aurélie, l'actrice, l'étoile. Aussi bien cette tranche, cette portion de la vie de Gérard a-t-elle une individualité « psychologique » qu'il importe de bien faire sentir au lecteur. Ce n'est pas un moment fortuit d'une existence capricieuse, c'est une période précise, longue, durable, nettement découpée dans une expérience et même dans l'histoire. En effet, elle se définit non seulement par un certain « climat » personnel mais encore par un « climat » collectif. Toute une génération est mise en jeu : *Nous vivions alors dans une époque étrange, comme celles qui d'ordinaire succèdent aux révolutions ou aux abaissements des grands règnes.* Cela continue par une analyse des aspirations morales des jeunes gens d'alors et Nerval va jusqu'à assimiler cette époque à celle de *Peregrinus et d'Apulée* où *l'homme matériel aspirait au bouquet de roses qui devait le régénérer par les mains de la belle Isis.*

Il cherche par là à donner une manière d'épaisseur, de solidité à ce Plan B sur lequel va reposer toute l'histoire. Il le *construit* dans son premier chapitre (et la matière de cette construction est évidemment le souvenir) comme un soubassement destiné à supporter la narration. Désormais celle-ci peut se dérouler et il est caractéristique de voir que le Plan B, jouant un rôle analogue à celui du Plan A, deviendra lui-même une sorte de présent au second degré (c'est-à-dire un passé saisi comme présent grâce au pouvoir reviviscent de la mémoire), un nouveau point de départ, un nouveau

Avec l'autorisation de M. le Maire de la commune de Morlincourt, canton de Noyon.

Département de l'Oise.

Arrondissement de Compiègne.

PRIX GÉNÉRAL

ET

BOUQUET PROVINCIAL,

Rendus le Dimanche 23 Mai 1852,

par la compagnie d'Arc de Morlincourt.

Messieurs et chers Confrères,

La compagnie d'Arc de MORLINCOURT, *jalouse de perpétuer le souvenir des anciens preux chevaliers et d'atteindre le but de cette grande et belle institution, vous prépare, elle seule, une joyeuse fête pour le 23 mai courant. Sensible aux marques de bienveillance qu'elle a toujours reçues de vous chaque fois qu'il lui a été possible de prendre part à vos innocentes joies, elle est heureuse aujourd'hui de se trouver en mesure de vous prouver son estime et de vous payer le juste tribut de sa reconnaissance.*

Une lutte loyale et honorable va avoir lieu; venez, ou plutôt accourez la soutenir et disputer les prix qui vous sont offerts; et, quelle qu'en puisse être l'issue, nous avons à cœur de répondre honorablement à votre attente et de vous recevoir avec dignité.

Recevez, Messieurs et chers Confrères, l'assurance de l'estime et de l'affection de vos tout dévoués frères d'armes,

Les officiers et chevaliers du jeu d'arc de Morlincourt.

ORDRE ET CONDITIONS DU TIRAGE DU PRIX :

Art. 1er. — Le prix sera tiré par [illegible] de 4 à 6 tireurs ; il n'y aura aucune interruption dans le tirage à partir du jour de son ouverture, depuis le lever du soleil jusqu'à son coucher, excepté le jour de la Pentecôte tout entier, et les dimanches qui suivront, pendant la messe seulement ; néanmoins, si une section n'avait pas fini de tirer, elle continuerait jusqu'à ce qu'elle eût terminé.

[illegible]

DÉSIGNATION DES PRIX :

[illegible]

IMPRIMERIE DE COTTU-HARLAY, RUE DU NORD, N° 6, A NOYON.

tremplin qui permettra d'autres bonds, d'autres plongées dans le passé. Ainsi se révèle une des dominantes de l'esthétique de *Sylvie :* l'exploration du temps *à reculons*, par sondages successifs opérés de plate-forme en plate-forme. Le récit se présente à nous *en creux* et nous entraîne dans une série d'*emboîtements* qui font penser à des miroirs se reflétant les uns dans les autres. Là encore, il est difficile de ne point retrouver le roman de Proust où, comme l'écrit Georges Poulet, « à peine un mouvement initial est-il posé, que la pensée se met en marche mais en arrière ».

La première plongée s'effectue dès la fin du premier chapitre et de la façon la plus saisissante. Gérard nous raconte qu'en sortant du théâtre, il jette les yeux sur un journal et apprend que quelques valeurs qu'il possède en Bourse se trouvent soudain cotées très haut – *je redevenais riche* (on sait qu'en fait il avait hérité de sa grand-mère en 1834). Tandis qu'il médite sur la puissance que lui confère la somme gagnée, il continue à feuilleter le journal : *Mon regard parcourait vaguement le journal que je tenais encore, et j'y lus ces deux lignes :* Fêtes du Bouquet Provincial – Demain, les archers de Senlis doivent rendre le bouquet à ceux de Loisy. *Ces mots fort simples réveillèrent en moi toute une nouvelle série d'impressions : c'était un souvenir de la province depuis longtemps oubliée, un écho lointain des fêtes naïves de la jeunesse.* Voilà le phénomène de mémoire, tel qu'il put fasciner Proust ! Et cependant, nous ne le croyons pas exactement semblable au procédé de transition proustien. Essayons de souligner la différence : Gérard de Nerval lit un journal, et c'est un acte conscient de l'esprit (la lecture) qui réveille en lui *toute une nouvelle série d'impressions.* Rien de plus opposé, de prime abord, à un processus de mémoire affective tel que le définissaient les psychologues contemporains de Proust : aucune *sensation* n'entre ici en jeu, aucun organe, aucun nerf n'est sollicité. En même temps ne se pose pas pour Gérard le problème d'actualiser l'impression reçue, de reconnaître le souvenir, de le faire remonter, comme dit Proust dans le texte fameux de la « madeleine », « à la surface de (la) claire conscience », de donner un nom à ce « quelque chose qu'on

... c'est aujourd'hui la fête de l'arc,
la seule de l'année où l'on danse toute la nuit.

aurait désancré, à une grande profondeur ». Chez Nerval, c'est l'irruption du souvenir précis et étiqueté qui fait naître une série d'impressions, alors que chez Proust les impressions se manifestent d'abord en toute indépendance et lancent celui qui les éprouve à la recherche d'un souvenir encore masqué. En somme il s'agit de deux démarches parfaitement contraires. On voit que les apparences ne doivent point tromper. Il n'en reste pas moins vrai que, ceci posé, des données communes subsistent. D'abord dans les deux cas le point de départ est aussi ténu, aussi modeste, aussi disproportionné au développement qu'il amorce : pour Proust, une gorgée de thé mêlée de miettes (« gouttelette presque impalpable ») ; pour Nerval, « deux lignes » (des *mots fort simples*). C'est ensuite le même remuement intérieur, le même déclenchement, et les deux écrivains usent des mêmes mots, des mêmes métaphores (chez Nerval : ils *réveillèrent...*, l'*écho lointain des fêtes ;* chez Proust : « il l'y a éveillée... », « la rumeur des distances traversées »). Surtout, chez l'un et chez l'autre, naît un profond sentiment de joie, d'euphorie, celui d'une félicité *évidente* qui accompagne le phénomène de mémoire. Pour Nerval, cela se manifeste sous la forme de la musique : à travers l'écho lointain des fêtes naïves, il entend des instruments – *le cor et le tambour résonnaient au loin dans les hameaux et dans les bois...* Il faut remarquer le choix des instruments : le cor et le tambour sont dans un orchestre à l'arrière-plan, ils sont lointains, ce sont eux qui vont fouiller dans les profondeurs de la mémoire, qui aident à « désancrer ». Cet épanouissement du souvenir en musique a encore un caractère proustien. C'est cette fois à un autre passage célèbre d'*A la recherche du temps perdu* qu'il faut se référer, celui où est évoquée la « petite phrase » de la sonate de Vinteuil. Dès que Swann a entendu cette petite phrase, il sent refluer vers lui « tous ses souvenirs du temps où Odette était éprise de lui, et qu'il avait réussi jusqu'à ce jour à maintenir invisibles dans les profondeurs de son être » (*Du côté de chez Swann*, II). Ils arrivent à tire-d'aile pour « lui chanter éperdument, sans pitié pour son infortune présente, les refrains oubliés du bonheur ». On remarquera l'étonnante similitude qui existe entre ces « refrains oubliés du bonheur » et l'expression nervalienne *un écho lointain des fêtes naïves de la jeunesse.* Écho, refrain, les deux mots révèlent l'étroite parenté de substance qui unit, pour Nerval comme pour Proust, la musique et la matière du souvenir. Ce dernier est véritablement appréhendé comme musique et il *inonde* la conscience à la manière des riches sonorités du cor. Rien d'étonnant, dès lors, à ce qu'il serve de procédé de transition. A la fin de ce chapitre I de *Sylvie,* au moment où il faut, à la lettre, changer de décor, passer d'un plan à l'autre, c'est le souvenir porté par les ondes de la musique qui recouvre en larges vagues l'esprit et le cœur du poète et opère la substitution désirée. On touche ainsi à un autre secret de *Sylvie :* l'articulation romanesque y perd tout caractère artificiel, elle ne fait plus qu'un avec le mouvement profond, instinctif de la conscience. Ce phénomène, qui se situe au-delà de l'analyse et même du langage, ne peut se résoudre qu'en musique. Et sans doute pourrions-nous parler de composition musicale. Il importe toutefois de voir que, dans le fragment étudié, le rôle joué par la musique n'exclut pas la mise en jeu de différents « harmoniques », de sensations, de données affectives diverses qui se mêlent et se coordonnent dans une unité supérieure. C'est ainsi que l'on ne peut s'empêcher de risquer un jeu de mots sur le terme de *Fête du bouquet provincial :* on croit lire en filigrane dans le texte, que Gérard respire vraiment un *bouquet* dont les senteurs s'épanouissent en lui en une gerbe d'images, d'impressions, aussitôt assimilées à celles qu'à fait surgir la musique.

L'époque où nous nous trouvons ramenés est celle de l'enfance de Gérard, de ces vertes années pendant lesquelles il commence à passer ses vacances dans le Valois où il a été élevé et qui se situent autour de 1820. Il s'agit d'un nouveau plan que nous nommerons le Plan C. Nous venons de voir que pour Gérard il s'annonce immédiatement sous les auspices d'un symbolisme de la fête qui fait invinciblement songer aux images-mythes d'Alain-Fournier, amené lui aussi, dans *le Grand Meaulnes,* à considérer et à reconquérir les jours perdus d'une adolescence féerique par l'évocation de la fête au château (à noter tout de suite que, chez Nerval, on trouve aussi le château – dans une atmosphère analogue). Par un procédé semblable à celui que nous signalions plus haut, le poète s'empresse de rattacher ce nouveau Plan C à l'histoire en précisant que la fête décrite ne fait que *répéter d'âge en âge une fête druidique, survivant aux monarchies et aux religions nouvelles.* Une fois de plus, il obtient cette réfraction de l'événement dans le passé collectif de l'humanité qui est le signe permanent de sa recherche de l'unité et donne à son récit un si net accent d'allégorie.

Au début du chapitre II, Gérard prend pied sur le Plan C par l'intermédiaire d'un rêve. En effet, son imagination s'est essoufflée et ne lui a pas permis de s'avancer longtemps sur la piste que lui avait ouverte le phénomène de mémoire. Il n'y revient, après un temps de repos, que par le canal d'une demi-somnolence : *Je regagnai mon lit et ne pus y trouver le repos. Plongé dans une demi-somnolence, toute ma jeunesse repassait en mes souvenirs.* Cette expérience du rêve qui permet de s'installer dans le passé est spécifiquement nervalienne, mais elle est aussi proustienne. « Monde du sommeil, écrit Proust, où la connaissance interne, placée sous la dépendance des troubles de nos organes, accélère le rythme du cœur ou de la respiration, parce qu'une même dose d'effroi, de tristesse, de remords agit, avec une puissance centuplée si elle est ainsi injectée dans nos veines ; dès que pour y parcourir les artères de la cité souterraine nous nous sommes embarqués sur les flots noirs de notre propre sang comme sur un Léthé intérieur aux sextuples replis, de grandes figures solennelles nous apparaissent, nous abordent et nous quittent nous laissant en larmes » (*Sodome et Gomorrhe*, II). Pour Nerval, c'est exactement cela : il s'embarque sur les flots noirs de son propre sang, et la première « grande figure solennelle » qu'il découvre dans la cité souterraine est Adrienne. On voit comment le rêve nourrit le phénomène de mémoire et entre lui aussi dans l'alchimie de la transition romanesque. Transition *vers* quoi ? Vers un simple tableau, une scène essentiellement statique : la double apparition de Sylvie et d'Adrienne. Certes le mot « apparition » ne peut vraiment s'appliquer qu'à la deuxième héroïne, mais nous ne pouvons pas négliger le souci de Nerval – souci majeur sur le plan de la composition du récit – de présenter Sylvie et Adrienne en même temps (à quelques lignes d'intervalle). Quant au caractère statique de la scène, il est lié à sa nature même de vision : c'est une de ces vastes images qui s'introduisent dans le texte pour en arrêter le cours, le mouvement, s'imposer à la conscience du lecteur comme des *instantanés* dans lesquels le temps s'est figé. Par là le déroulement du récit est assez semblable à celui d'un film dont certains plans – les plus riches, les mieux composés – s'immobiliseraient parfois ou à un ballet dont le rythme s'interromprait soudain sur une figure plastique particulièrement « achevée » (il faut remarquer d'ailleurs qu'il s'agit vraiment ici d'une danse, d'une ronde dans laquelle Adrienne et le narrateur enfant forment un groupe).

Avec le chapitre III, Gérard revient sur le Plan B. Il sort de son passé et de son rêve. La parenthèse est fermée. Mais il est riche maintenant d'une certitude : c'est que le souvenir d'Adrienne est le « germe » de son amour présent pour Aurélia. La vision du chapitre II (la jeune fille dans la ronde) recouvre celle du chapitre I (l'actrice sur la scène du théâtre) et un rapport, un lien s'établissent entre le Plan C et le Plan B. Bien entendu, ce rapport a surtout une signification symbolique, psychique, voire métaphysique et intéresse toute la vie spirituelle de Nerval. Mais il a aussi une incidence capitale sur la structure de *Sylvie :* à l'esthétique de la juxtaposition des thèmes s'ajoute désormais celle de leur superposition. L'auteur a exprimé lui-même cela dans une belle phrase (en fait très proustienne) : *C'était un crayon estompé par le temps qui se faisait peinture, comme ces vieux croquis de maîtres admirés dans un musée dont on retrouve ailleurs l'original éblouissant.* Mais bientôt affolé par son étrange découverte, il ajoute : *Reprenons pied sur le réel.*

En fait, Gérard est décidé à « revivre » le rapport mis à nu, à renouer le lien. Il lui faut justement abolir ce temps qui s'interpose entre lui et les images à reconquérir. Il l'abolira. *Quelle heure est-il, se demande-t-il alors ?* Réponse : *Je n'avais pas de montre.* Il y a bien dans l'appartement une pendule d'écaille de la Renaissance, dont le dôme doré et *surmonté de la figure du Temps* (avec, sous le cadran, en bas-relief, une Diane historique), mais *le mouvement, excellent sans doute, n'avait pas été remonté depuis deux siècles.* A travers ce symbole, nous prenons conscience d'un arrêt du temps. Le poète n'a plus qu'à chercher une voiture de poste et à partir sur-le-champ vers son Valois. Et pendant que le coche traverse la campagne, il se dit : *Recomposons les souvenirs...* Il recompose... c'est-à-dire qu'il choisit instinctivement parmi ses souvenirs ceux qui s'accordent avec la joie de son cœur et l'éclat de la lumière du jour sur laquelle il a rouvert les yeux [1], mais surtout qu'il substitue à une attitude réceptive une attitude active : désormais il ne s'abandonne plus à la vague de la mémoire, il fouille, il reconstruit, il recrée le passé – comme il faisait déjà dans *Angélique.* Alors, le récit cesse d'être une œuvre purement littéraire pour devenir une œuvre de vie.

Cette exploration conduit Nerval sur un nouveau plan (appelons-le : le Plan D) qui représente cette fois l'époque de l'*adolescence* – et non plus de l'*enfance* – et dont la situation par rapport au Plan C nous est clairement définie : *Quelques années s'étaient écoulées : l'époque où j'avais rencontré Adrienne devant le château n'était plus qu'un souvenir d'enfance.* (On peut admettre que nous sommes maintenant autour de 1825.) Tous les événements de cette période vont nous être exposés à travers quatre chapitres (IV : *Un voyage à Cythère ;* V : *le Village ;* VI : *Othys ;* VII : *Châalis*) qui constituent une nouvelle parenthèse assez semblable – bien que plus vaste – à celle que constituait déjà le rêve du chapitre II ; l'adolescence nous est présentée par le même procédé que l'enfance, mais amplifié : cette fois, l' « ouverture » et la « fermeture » de la parenthèse sont fournies par le thème de la promenade en voiture. C'est pendant la courte durée de cette promenade que les souvenirs recomposés défilent. En effet, nous avons abandonné le véhicule à la fin du chapitre III, nous le rencontrons au début du chapitre VII : *Il est quatre heures du matin ; la*

1. Cf. l'excellent article de Georges Poulet, *Sylvie ou la pensée de G. de Nerval*, Cahiers du Sud, n° 209, octobre 1938.

Othys, où vit la tante de Sylvie.

route plonge dans un pli du terrain ; elle remonte. La voiture va passer à Orry, puis à la Chapelle et nous le retrouvons à la fin de ce chapitre : *Heureusement voici la voiture qui s'arrête sur la route de Plessis ; j'échappe au monde des rêveries...* Qui en effet ne verrait là un équivalent de la « technique » du rêve ? La promenade en voiture représente un temps très court et dense pendant lesquels sont revécus, dans le détail, des événements longs et durables. Or, on sait que les quelques secondes d'un rêve peuvent abriter de larges périodes de souvenirs et de phantasmes. A quoi s'ajoute que les cahotements du coche peuvent créer un état de demi-sommeil fort comparable à celui du songe. Il faut en conclure que l'art de *Sylvie*, avant celui d'*Aurélia*, repose déjà sur toute une utilisation littéraire, plus implicite qu'apparente, du rêve comme moyen d'aménager le temps dans le récit et d'en disposer.

A l'intérieur de la parenthèse, Gérard, une fois encore, plante des décors, brosse des tableaux, peint des scènes. La première de ces scènes est celle du *Voyage à Cythère* – encore une fête ! – d'une *présence* si intense que l'on y sent percer la volonté de Gérard d'effacer par les couleurs plus vives de l'adolescence les teintes déjà estompées de l'enfance, de faire passer Sylvie au premier plan en lieu et place d'Adrienne : *J'eus le bonheur de saisir une des plus belles et Sylvie souriante se laissa embrasser cette fois plus tendrement que l'autre. Je compris que j'effaçais ainsi le souvenir d'un autre temps.* Par là s'amorce, après la plongée dans le temps à laquelle nous avons assisté (le point extrême a été le Plan C), une remontée dont l'aboutissement sera le retour au présent et la fin de *Sylvie*. Toutefois, cette remontée, ce « décrochage » ne sont pas faciles (on sait qu'ils sont impossibles puisque, au terme du récit, Nerval ne trouve qu'Aurélie et à travers elle son obsession première : Adrienne) et dans le chapitre V, Gérard, errant solitaire entre Loisy et Montagny, ne peut s'empêcher de songer, à l'aspect d'un couvent, que *c'était peut-être celui qu'habitait Adrienne.* La scène de la visite à Othys chez la tante de Sylvie, au chapitre suivant, va-t-elle réussir à imposer le triomphe de la petite campagnarde brune aux dépens d'Adrienne, va-t-elle contribuer à remplacer les

... En un instant, je me transformai en marié de l'autre siècle, Sylvie m'attendait sur l'escalier, ... La tante poussa un cri en se retournant... C'était l'image de sa jeunesse.

souvenirs troubles, pâles, inquiétants, par des souvenirs clairs, colorés, sûrs ? On pourrait le croire si ce tableau n'était plein d'étranges allégories : admirant les cheveux fins du jeune visiteur, *cela ne dure pas, dit la tante, mais vous avez du temps* devant vous..., au mur *le portrait d'un jeune homme du bon vieux temps* – paraît sourire, et tout à l'heure, devant les jeunes gens déguisés, la tante pleurera en revoyant *l'image de sa jeunesse* – cruelle et charmante apparition ! Au demeurant, cette scène tout entière est imprégnée par le symbolisme le plus personnel de Gérard.

Le chapitre VII *(Châalis)* est une « rallonge » ajoutée aux événements précédents. Mais cette rallonge est significative : en passant devant l'ancienne abbaye de Châalis, le poète se souvient d'un spectacle auquel il assista dans sa jeunesse avec le frère de Sylvie et où triomphait solennellement Adrienne transfigurée par un costume d'ange. Persuadons-nous que cette vision manifeste une fois de plus l'impuissance de Gérard à se détacher des images de l'enfance (c'est la première apparition d'Adrienne qu'il retrouve partout!), à s'arracher du Plan C pour se maintenir définitivement sur le Plan D. Il y a quelque chose qui le retient, le rappelle en arrière *(ce souvenir est une obsession peut-être!)*. A tel point que les deux époques – enfance et adolescence – ne parviennent plus à prendre leur distance l'une par rapport à l'autre, à se situer clairement dans le temps ; elles ont au contraire tendance à s'attirer, à se rapprocher, à se fondre, à former un tout qui échappe à l'emprise de la chronologie. Ce qui ne va pas sans provoquer chez Gérard un immense trouble, exprimé dans cet aveu : *En me retraçant ces détails, j'en suis à me demander s'ils sont réels ou bien si je les ai rêvés.* Remarquons, à ce moment précis, dans le texte, la présence d'une nouvelle horloge (la *grande horloge dans sa gaine* de la maison du garde), signe direct mais clair de l'apparition de « ratés » dans la mécanique du temps.

Avec le chapitre VIII – et jusqu'au chapitre XII inclus – nous quittons ce monde du passé pour revenir sans équivoque au présent, c'est-à-dire au Plan B. Nous allons y rester. Gérard a touché au terme de son bref voyage, il arrive au

L'Abbaye de Châalis

bal de Loisy, il retrouve Sylvie. On peut se demander si l'auteur, en abandonnant le doux et dangereux bercement de la voiture, ne se réveille pas soudain l'esprit purgé de toute brume, s'il ne va pas reprendre la trame d'une narration désormais nette, continue, réaliste. C'est bien ce qui se produit, mais le problème est maintenant de laisser deviner la vie souterraine et persistante des souvenirs à travers les réalités présentes. Gérard peint *aujourd'hui* mais le confronte toujours implicitement à *hier*. Il décrit *Sylvie : Sa figure était fatiguée ; cependant son œil noir brillait toujours du sourire athénien d'autrefois.* S'il voulait développer sa pensée, il dirait sans doute à peu près ce que Proust dit de Gilberte : « ... Je m'apprêtais à profiter de cet instant désiré pour me livrer, sur l'image de Gilberte que j'avais préparée avant de venir et que je ne retrouvais plus dans ma tête, à la mise au point qui me permettrait pendant les longues heures où j'étais seul d'être sûr que c'était bien elle que je me rappelais. » *(Du côté de chez Swann, II.)* C'est cette mise au point – parfois terriblement décevante – que Nerval va essayer de réaliser dans les pages qui suivent : elle se présente comme une nouvelle tentative pour « réduire » le temps, en rapprochant, dans une difficile accommodation, l'image proche de l'image lointaine. Il suffit pour cela d'enlever leur opacité aux événements, de leur donner ce que Proust justement appelle « la transparence et le fondu de la vie » (belle formule appliquée à une poignée de billes d'agate). Pour Gérard, une des meilleures façons de parvenir à ce résultat est de « rejouer » le passé, de le mimer, d'en refaire les gestes. Le bal de Loisy est exactement la réplique du *Voyage à Cythère ;* même fêtes galantes, mêmes rencontres heureuses et à la fin, dans les deux cas, même nécessité de « rentrer à la maison ». La première fois, Gérard, après avoir raccompagné Sylvie à Loisy, avait regagné Montagny, son village, en solitaire, en parcourant de nuit les bois et les bruyères, puis au matin, pris par l'envie de revoir sa compagne, il était reparti vers Loisy pour surprendre la jeune fille à son réveil (chapitre V, *le Village*). Maintenant, il fait de même : le bal terminé, il se rend à Montagny, revoit sa vieille maison, puis sentant *le besoin de revoir Sylvie* il reprend le chemin de Loisy et comme jadis, la trouve déjà réveillée. (Chapitre IX, *Ermenonville.*) Images, phrases identiques : *Je suis monté à sa chambre sans étonner personne* (hier) – *Elle me fit monter à sa chambre avec toute l'ingénuité d'autrefois* (aujourd'hui). Ce parallélisme est une nouvelle donnée fondamentale de la construction de *Sylvie*. Le principe en est la « réduction » du temps par la répétition systématique des attitudes à plusieurs années d'intervalle.

Dans ces chapitres, en outre, de multiples détails jetés à travers le texte sont là pour « décaper » la réalité et donner aux heures présentes ces reflets qui révèlent le passé. Il ne s'agit pas d'un procédé ou d'un artifice de composition, mais d'un art, assez subtil, de parsemer telle ou telle page de remarques, de nuances qui, impliquant automatiquement un point de référence extérieur au Plan B, sauvegardent le relief et l'ambiguïté du récit à travers la narration paisible d'événements d'une même époque. Par exemple, Gérard, rappelant à Sylvie leur rencontre de jadis chez la tante, interroge : *vous souvenez-vous du jour où... ?* et parle ensuite d'un livre dont les gravures *présentaient aussi les amoureux sous de vieux costumes du temps passé*. Ailleurs, il sort avec hâte de la chambre de Sylvie *où*, dit-il, *je ne trouvais rien du passé*. Il comprend, aux paroles de son amie, que *la vieille tante n'existait plus*. Il se souvient qu'autrefois la jeune fille et lui ne se disaient pas « vous », mais il n'ose pas évoquer des événements d'un *temps si ancien*. Il s'aperçoit que Sylvie a remplacé dans ses lectures Rousseau par Walter Scott et qu'au lieu de chanter simplement et joliment comme jadis, elle *phrase*. Et plus loin, longeant les murs du couvent de Saint-S..., il demande soudain : *Qu'est devenue la religieuse ?* A quoi Sylvie réplique : *Ah, vous êtes terrible avec votre religieuse... Eh bien !... eh bien !... cela a mal tourné*. Ce coup de sonde était le dernier, le plus violent aussi. L'agacement de l'interlocutrice montre bien que les questions de ce genre sont dangereuses, inopportunes. En effet, ce *présent*, ce Plan B, que l'on pouvait croire sûr, se découvre à nous, après les nombreuses trouées opérées par Nerval vers le passé, comme un terrain miné, intérieurement parcouru de galeries, de couloirs, de canaux et sur lequel il est imprudent de s'aventurer. Le travail de fourmi du temps a creusé le sol. Gérard ne souhaitait rien de plus. Et quoi de plus justifié que l'exclamation de Sylvie à la fin du chapitre XI : ... *mais il faut songer au solide ?*

Le poète est pourtant emporté malgré lui. Au chapitre suivant, la présence du père Dodu, témoin vigilant des âges disparus, l'aide à parachever son enlisement dans les sables mouvants du présent. Et quand ce personnage lui apprend qu'il est fortement question du mariage de Sylvie, il semble que l'*aujourd'hui* est définitivement discrédité, dévalorisé, puisqu'il se dilue désormais non seulement dans le passé mais dans l'avenir. Ainsi s'esquisse le retour vers le Plan A, vers l'heure où Sylvie est mariée et *Sylvie* écrite.

On peut parler d'un échec. Les dernières pages n'en seront que la consécration. Mais il faut fermer le cycle et revenir exactement au point de départ. Gérard reprend la voiture de poste, regagne Paris et se retrouve dans un fauteuil de la salle de spectacle où il admire chaque soir Aurélie. Apparemment le récit pourrait se terminer là : il gagnerait en harmonie, en cohérence, en logique et (pourquoi pas ?) en équilibre. Mais justement Nerval a voulu le déséquilibrer à la fin. Le chapitre *Dernier Feuillet* est la vraie conclusion, alors que le chapitre *Aurélie* est une sorte d'appendice, d'épilogue que l'on pourrait croire surajouté. Il est certain que cette recherche répond à la ferme intention du poète de ne pas finir sur un mouvement achevé, de ne pas nous présenter un système bien clos, mais au contraire d'ouvrir une fenêtre sur le temps, d'ajouter à son histoire un *poids* qui la fera basculer soit en avant, soit en arrière. Bref, qui, éliminant ce qui serait rassurant, laisse place à notre angoisse. Tel est le sens de ce rebondissement : *le lendemain j'étais sur la route d'Allemagne*, qui brise assez brutalement l'unité de lieu du récit. L'unité de temps n'est guère plus ménagée ; à quelques lignes d'intervalles nous lisons : *Un matin... Des mois se passent...*, *les jours suivants...*, *Deux mois plus tard... L'été suivant...* Qu'arrive-t-il ? Quel est le sens de cette agitation, de cette accélération de rythme ? Gérard est encore dans la situation d'un homme qui sort d'un rêve confus ou d'un sommeil tourmenté, il a besoin de se donner de l'exercice, de se secouer, de nettoyer sa conscience. Il déclare lui-même qu'il doit *essayer de remettre de l'ordre dans ses sentiments.* Pourquoi ? Parce que, après l'expérience qu'il vient de faire, l'Aurélie qu'il retrouve n'est plus celle d'autrefois, comme l'a fort bien montré G. Poulet : « Dès l'instant où l'idéal féminin qu'il avait conçu s'était transporté de la *comédienne* en la *religieuse*, la première perdant toute magie, n'avait plus été qu'un médium temporaire devenu inutile et que remplaçait avantageusement un autre conducteur d'émotions. » Or il importe de voir si cela n'est pas un piège, un leurre, une illusion, si Aurélie n'est pas simplement modifiée, déformée par le souvenir d'Adrienne et par le bouleversement intérieur du poète dont les « épreuves » viennent de se multiplier, qui a *mangé du tambour et bu de la cymbale*, qui a, peut-être, passé *les bornes du non-sens et de l'absurdité.* Il part donc pour l'Allemagne, il s'éloigne de l'actrice, il interpose de l'espace et du temps entre elle et lui, il clarifie ses idées, dissipe ses rêves et, à son retour, il n'a plus qu'une chose à faire : confronter Aurélie et Adrienne sur un *terrain de vérité.* La fin du chapitre XIII prend exactement cette signification. Le terrain de vérité, c'est tout naturellement l'herbe verte des pelouses du Valois où Gérard revient et ménage une rencontre entre le fantôme d'Adrienne et Aurélie. Et à cette dernière il explique *la source de cet amour entrevu dans les nuits, rêvé plus tard, réalisé en elle.* Elle réfléchit tranquillement, sérieusement, mais ne *reconnaît* rien. L'épreuve a été concluante et Aurélie elle-même en tire la claire leçon : *Vous cherchez un drame... et le dénouement vous échappe.* L'important est justement qu'il échappe. Autrement Sylvie n'aurait été que la plus romanesque des aventures ou, tout au plus, une histoire de sosies. Maintenant, au contraire, Gérard est sûr que tout ce qu'il a évoqué n'existait point au niveau de la réalité banale mais au seul niveau de sa réalité intime. Évidence qui l'illumine : *Cette parole fut un éclair*, dit-il. C'est comme s'il venait de recevoir la clé d'une histoire écrite de bonne foi, mais sans une claire conscience des buts visés, un récit obscur dont le sens occulte restait à découvrir par un auteur quasi irresponsable. Ce sens, le voilà : *Ces enthousiasmes bizarres que j'avais ressentis si longtemps, ces rêves, ces pleurs, ces désespoirs et ces tendresses... ce n'était donc pas l'amour ? Mais où donc est-il ?* Il faut lire que *Sylvie* n'est rien moins qu'une histoire d'amour. Nerval a pu se méprendre lui-même là-dessus, mais maintenant il comprend le profond caractère allégorique de son œuvre et nous le livre, nous le révèle au dernier moment, comme la grille qui permettra de déchiffrer l'énigme.

Le *Dernier Feuillet* s'ouvre, serein, rappelons-le : *Telles sont les chimères qui charment et égarent au matin de la vie.* Il est trop évident que ce mot de *chimères* peut prendre ici le sens très fort que nous savons. Le poète a parcouru, à travers les pages de *Sylvie*, cette pathétique carrière qu'il définissait ainsi en tête de ses *Petits Châteaux de Bohême : La Muse est entrée dans mon cœur comme une déesse aux paroles dorées ; elle s'en est échappée comme une pythie en jetant des cris de douleur. Seulement, ses derniers accents se sont adoucis à mesure qu'elle s'éloignait.* Cette dernière phrase éclaire bien la fin de l'œuvre. La Muse s'éloigne, et le narrateur retrouve le calme un peu morne qui suit les grands orages. Revenu à ce Plan A – celui de 1852-1853 – il considère, avec le recul, les événements qu'il a décrits. Il les met « en facteur commun », les plaçant sans discrimination dans ce qu'il nomme *le matin de la vie.* On croirait qu'il veut oublier désormais leur place précise dans le temps, « place, dit Proust, autrement considérable que celle si restreinte qui leur est réservée dans l'espace, une place au contraire, prolongée sans mesure, puisqu'ils touchent simultanément... à des époques... si distantes, entre lesquelles tant de jours sont venus se placer – dans le Temps » (*le Temps retrouvé*, II). C'est sur ce vaste et impossible oubli que *Sylvie* se termine, parmi les images de paix d'une campagne souriante et du foyer heureux de l'héroïne devenue épouse et mère. Images de bonheur, trop rassurantes. Nerval ne nous les offre que pour mieux les nier, découvrir l'ampleur du désespoir qu'elles cachent. Pour cela, il déséquilibre le dernier chapitre comme il avait fait de la nouvelle tout entière. Il lui suffit d'une touche discrète ou plutôt d'une *retouche*, incidente et comme désinvolte. *J'oubliais de dire qu'un jour...*

Le parc de Chantilly

De dire quoi ? Qu'Aurélie est revenue sur le *terrain de vérité*, que Sylvie a été mise en sa présence et que Gérard a encore évoqué la ressemblance fatale... Qu'en est-il résulté ? Un *grand éclat de rire* et la révélation de la mort d'Adrienne au couvent de Saint-S... vers 1832. Cette mort est une certitude qui clôt le récit positivement et coupe court, en un sens, à tout mystère. Mais les quelques lignes de la fin ont permis à l'inquiétude – de l'auteur et du lecteur – de fuser à nouveau : elles ont refait basculer l'histoire tout entière au fond de l'éclat de rire de Sylvie.

Nous l'avons vu : il y a beaucoup de montres, d'horloges dans *Sylvie*. Or la Diane historique installée sous la vieille horloge Renaissance – qui ne marque plus le temps – du chapitre III, c'est sans doute (M. J. Onimus l'a suggéré) l'*Artémis* qui donne son nom au sixième sonnet des *Chimères*. Le premier titre (attesté par un manuscrit) de ce sonnet était *Ballet des heures :* Gérard voulait montrer que la ronde des heures est éternellement la même et que sur les anciens cadrans l'heure I et l'heure XIII – l'heure pivotale – se superposent *(La Treizième revient... C'est encore la première !)*. Il ne pouvait mieux résumer que dans ce poème sa conception d'un temps tournant sur lui-même, ne déplaçant les choses que pour les ramener à leur place éternelle. On conçoit dès lors que sa vision des êtres ait eu elle-même la « circularité » d'un ballet, qu'il se soit senti successivement Faust, Prométhée, Orphée, retrouvé en Charles VI, Restif, l'Illustre Brisacier, Peregrinus ou le Calife Hakem, ou qu'il ait décelé tour à tour la présence de l'Amante-Mère-Déesse en Jenny Colon, Octavie, Isis, La Pandora, Aurélia, la Reine de Saba. Mais l'aspect tourbillonnant qu'affectent ces figures n'exclut pas leur insertion dans la durée. Interchangeables dans l'éternel présent auquel accède l'imagination nervalienne, elles n'en correspondent pas moins à différentes couches géologiques de l'expérience et de la mémoire. Dispersées et regroupées au-delà du temps, elles ne peuvent donc être saisies qu'*en* lui. C'est ce qui explique que chez Nerval le mouvement premier de la conscience soit tout de même, comme chez Proust, – avant tout commencement d'édification du mythe intérieur – la recherche active du souvenir.

Mme M.-J. Durry a eu parfaitement raison de signaler ce *creusement* révélateur que l'on sent dès ses poèmes de jeunesse (pourtant gauches), celui par exemple qu'il a consacré à la mort de sa grand-mère :

Depuis trois ans, par le temps prenant force,
Ainsi qu'un nom gravé dans une écorce,
Son souvenir se creuse plus avant !

Et nous ne pouvons pas oublier non plus que le morceau qui exprime peut-être le mieux sa confiance en la vertu créatrice du souvenir – défini de la manière la plus claire comme activité primordiale, originelle, démarche-source de la pensée – est sa célèbre *Fantaisie* publiée en 1832 :

Il est un air pour qui je donnerais
Tout Rossini, tout Mozart et tout Weber...

Or si le verbe *se souvenir* en est le dernier mot, prononcé sur un ton d'extraordinaire certitude

Puis une dame, à sa haute fenêtre,
Blonde aux yeux noirs, en ses habits anciens
Que, dans une autre existence peut-être,
J'ai déjà vue... et dont je me souviens!

c'est le verbe *rajeunir* qui commande l'enclenchement mnémonique des images :

Or, chaque fois que je viens à l'entendre
De deux cents ans mon âme rajeunit...

Il est à peine besoin de souligner que le *rajeunissement* dont il est question ici est le contraire même de ce *vieillissement* dont nous cherchions au début de ce chapitre les marques dans la personne et la vie de Nerval. On est déconcerté d'être placé en face d'une vérité aussi élémentaire : le voyage à rebours, l'existence à rebours, tel est le privilège dont Gérard entend d'abord disposer. La mémoire maîtrisée et disciplinée par l'effort de création littéraire ouvre largement le champ du temps écoulé et rend à la vie sa chance. Arsène Houssaye le voyait fort bien, lorsqu'il affirmait sans subtilité que « Gérard se tournait vers le passé pour *ressaisir* sa vie et se croire vivant encore ».

Il se peut que ce soit là une lutte épuisante qui ne se dénoue que dans la mort. Mais cette lutte est humaine. C'est bien parce qu'il nous apporte un témoignage d'homme que Nerval nous intéresse et que son œuvre nous concerne. Que ce témoignage dépasse finalement l'horizon humain pour prendre un accent « prométhéen », sans doute est-ce vrai car on ne s'affranchit pas de l'ordre du *temps* sans défi ni révolte. Mais où sont les moyens de la révolte ? Sinon encore dans l'homme et sa culture.

LIRE ET VOYAGER

De tous les personnages qui composent Nerval l'homme de *culture* est peut-être le plus vrai et le plus attachant. Gérard fut le contraire d'un « génie à l'état sauvage » : c'est ce qui le distinguera toujours d'un Rimbaud ou d'un Lautréamont. Peu de romantiques donnent autant que lui l'impression d'être fidèles à un héritage classique, de lire par vocation et par plaisir, de nourrir en toute occasion leur humanisme. C'est que Gérard, en dépit de ce qu'on a pu répéter à son propos, était fort capable de sortir de lui-même pour s'enrichir de l'expérience d'autrui. Les études les plus récentes qui lui ont été consacrées montrent à l'évidence sur quel extraordinaire capital culturel s'est bâtie son œuvre : et c'est peut-être là ce qui définit le plus originalement ses entreprises littéraires. L'expérience intime qu'il avait accumulée dans sa vie, dans ses conflits avec lui-même, dans sa rencontre avec le *temps*, dans son tête-à-tête avec la mémoire, n'a pu être interprétée et transposée qu'à la lumière d'un savoir, d'une pratique littéraire et intellectuelle constante. C'est une attitude de « participation » qui mérite d'être soulignée en un siècle où les plus grands écrivains n'échappent pas toujours à

Goulinat : Un soir dans le Bosco.

l'isolement culturel et souffrent d'une surdité relative à ce qui n'est pas leur propre voix.

Il serait toutefois faux de penser que la culture de Nerval ne réside que dans l'usage de la lecture. Elle imprègne toute son existence, sa manière d'être, elle est présente dans ses conversations, dans ses pensées intimes ou publiques, dans ses rêves les plus secrets comme dans ses propos les plus libres. Elle affecte son style de vie. C'est elle par exemple qu'on retrouve sous une forme privilégiée dans son goût, son sens du voyage. Parcourir des pays, les découvrir, en étudier les mœurs est un acte de culture. Le plus authentique peut-être, parce qu'il suppose non seulement une vive curiosité d'esprit et un don d'observation aiguë – qualités que Gérard possédait au plus haut degré –, mais aussi la conviction que l'information et la connaissance sont inséparables de l'action, de la vie, du commerce des hommes, et seraient stériles sans de tels prolongements. Aussi *lire* et *voyager* nous paraissent-ils être les deux grands axes de la culture nervalienne.

En face des grands classiques, le premier mouvement de Gérard est presque toujours de sympathie. Cela frappait Éluard qui, dans la préface de son *Anthologie vivante de la poésie du passé*, s'émerveille de l'attention qu'il prêtait à Rabelais ou à Racine. Il avait été un bon élève au lycée Charlemagne, et l'on peut penser que le prix de vers latins qu'il y remportait était moins l'indice de sages dispositions scolaires que d'une aptitude à l'assimilation des chefs-d'œuvre du passé. C'est là en tout cas que son humanisme prend le départ. Il ne se démentira pas. Dans le deuxième sonnet des *Chimères*, *Myrtho*, Nerval se proclame *l'un des fils de la Grèce*, et cela est vrai. On se hâte trop de l'enfermer dans son germanisme ou sa curiosité pour Swedenborg : on oublie le visage méditerranéen de son génie. Il a lu Homère, Euripide (dont il parle avec intelligence dans certaines de ses chroniques de critique dramatique), Sappho même ; il s'intéresse à Virgile, à Cicéron ou à Pétrone. Mais dès ce niveau – celui de la découverte des sources – un partage s'opère dans sa culture. Deux versants s'y révèlent : l'un tourné vers le « réalisme » anecdotique et critique, l'autre vers le mysticisme, le romantisme, l'ésotérisme. On pourrait symboliser le premier par le penchant de Gérard pour les écrits de Lucien, le second par son attirance pour *l'Ane d'Or* d'Apulée – un de ses livres de référence chaque fois qu'il s'aventure dans le monde de l'allégorie et de l'initiation.

La voie réaliste le conduit de son propre aveu, de Lucien à Merlin Coccaïe, Rabelais, Swift, Sterne, Diderot. Certes il ne faut pas se méprendre sur le crédit que Gérard accorde au réalisme. S'il s'est montré attentif aux tendances nouvelles que Champfleury défendait et mettait à la mode autour de 1850, il a su s'en dégager aussi et même ironiser sur elles, notamment dans ses *Nuits d'octobre* où il se voit lui-même transformé jusqu'à l'obsession en *fantaisiste! réaliste! essayiste!!!* et n'hésite pourtant pas à écrire : *Or le vrai, c'est le faux, du moins en art et en poésie.* Il est pourtant exact que tout un côté de sa personnalité, de son tempérament littéraire le pousse vers le concret, le pittoresque, les formes de narration vives et nerveuses. Et c'est toujours en connaisseur qu'il apprécie dans ce domaine les ressources de la langue française.

On le voit dans son goût et sa connaissance de la littérature médiévale. Dans *la Main enchantée*, les lectures de prédilection de Godinot Chevassus sont le poème des *Repues franches*, *la Légende de Maître Faifeu*, « épopées versifiées de la nation truande », et son héros favori *maître François Villon, Parisien, célèbre dans l'art poétique autant que dans l'art de la pince et du croc.* Dans *le Prince des sots* (longtemps inédit et de publication récente), de savoureux échantillons de lyrisme « truand », de *jargon* ou argot médiéval nous sont proposés : Nerval se plaît à reconstituer une sotie, à retrouver le langage des jongleurs. Attentif également à Rutebeuf ou à Christine de Pisan, il a du Moyen Age une vision vivante, originale, aussi peu conventionnelle que possible. Le XVIe siècle lui est encore plus familier. Il apprécie avec une érudition très sûre la poésie de la Pléiade, ne se contentant pas de « ronsardiser » lui-même, comme il le dit dans ses *Petits Châteaux de Bohême*, mais participant efficacement à un mouvement de réhabilitation et de découverte dont on fait trop souvent mérite au seul Sainte-Beuve. C'est en effet en 1826 que, répondant à une invitation de l'Académie, il rédige un mémoire qui est à l'origine de ses remarquables pages sur les *Poètes du XVI*e *siècle.* Il en gardera un attachement très vif à la *Défense et Illustration*, conscient de ce que Ronsard et Du Bellay apportent de sang neuf, de santé et de vigueur à la langue et à la poésie françaises. Il est aussi un lecteur averti de Du Bartas.

Au XVIIe siècle, s'il fréquente les écrivains de premier plan (Racine comme Molière : un *Molière chez Tartufe* reste inscrit dans ses projets de drames et d'opéras), ses sympathies secrètes vont à des auteurs de moindre rayonnement dont l'œuvre s'accorde mieux à ses préoccupations personnelles. Ainsi Théophile de Viau dont la *Sylvie* le touche directement ou Scarron dont *le Roman comique* est un livre qui appelle toute sa curiosité et toute sa tendresse : sans doute parce qu'il apprécie le réalisme de bon aloi de cette peinture du monde des comédiens de jadis, si plein de signification symbolique à ses yeux, mais surtout parce qu'il projette sa propre aventure dans celle du couple que forment le Destin et l'Étoile – au point de rêver d'une suite au livre de Scarron, un *roman infaisable* qui alimente sous mille formes ses projets. En tout cas, l'intérêt qu'il porte à Scarron (dont à l'extrême veille de sa mort il songe encore à adapter le *Jodelet*) est parfaitement révélateur du non-conformisme de sa culture.

Non-conformisme aussi son goût pour Diderot et Restif. Le premier, il le cite comme un des auteurs dont la lecture a marqué sa jeunesse, comme un de ses maîtres de style et il se réfère volontiers, notamment dans *Angélique*, à sa manière de conter. Le second – dont il décrit la personnalité et l'œuvre dans l'une de ses plus brillantes études-portraits des *Illuminés* – il le reconnaît à la fois pour un *double*, un *frère* dont les intrigues amoureuses, les aventures paraissent annoncer les siennes (et les *Confidences de Nicolas* sont souvent des confidences de Gérard, tant l'analyse biographique y baigne dans un climat de fraternelle intimité, d'intuitive complicité) et pour un maître à penser, à écrire, un excellent introducteur à la pratique du vrai et du réel comme à la connaissance du cœur.

C'est dans le même esprit qu'il s'intéresse à certains courants de la littérature anglaise. S'il connaît Shakespeare et en parle avec ferveur, ses préférences spontanées vont aux formes littéraires qu'illustrent des œuvres comme celles de Sterne, de Swift et, en un certain sens, de Dickens. Son *Voyage en Orient* abonde en références à ces deux premiers écrivains dont le ton et le style lui paraissent pleins de ressources et de fantaisie créatrice : il apprécie en connaisseur l'humour de *Tristram Shandy*. A Dickens, il demande des leçons d'exactitude et de sobriété : il souhaiterait décrire les nuits de Paris comme le romancier anglais décrit les nuits de Londres. *Qu'ils sont heureux, les Anglais,* affirme-t-il, *de pouvoir écrire et lire des chapitres d'observation dénués de tout alliage d'invention romanesque! A Paris, on nous demanderait que cela fût semé d'anecdotes et d'histoires sentimentales, – se terminant soit par une mort, soit par un mariage. L'intelligence réaliste de nos voisins se contente du vrai absolu.*

On retrouve d'ailleurs son goût d'une littérature concrète, vigoureuse, sainement narrative, dans ses lectures « contemporaines ». Car il a aussi les yeux grands ouverts sur son temps et ses articles de critique montrent qu'il a su avoir des réactions rapides, justes et clairvoyantes en face d'œuvres comme celle de Balzac : Balzac dont il aimait autant les romans que la personnalité et qu'il se plaisait à évoquer *avec son sourire rabelaisien, drapé de sa robe de chambre en cachemire, vous recevant... et vous arrêtant quelque temps à une appréciation savante de ses poires.*

Si nous avons insisté sur ce premier aspect de la culture de Nerval, c'est qu'il a une importante signification. Trop souvent Gérard est présenté comme un poète dont le seul univers serait celui du rêve et des labyrinthes de l'esprit. Il est essentiel de montrer que tout un versant de son intelligence et de sa sensibilité est orienté vers le *vrai* en littérature et que son humanisme le pousse à goûter les œuvres drues et pittoresques qui valent par la vivacité du style. A cet égard, il ne se prive pas de rappeler qu'il est français, que son génie est français, qu'il attache du prix à la raison, au bon sens, à la netteté de l'expression. Il parle au début de son étude sur

Cazotte, dans *les Illuminés*, de *l'esprit net et sensé du lecteur français*. Il jette dans les brouillons manuscrits que conserve la collection de Lovenjoul cette note : *J'appartiens en littérature comme en pays à la tradition française*. Il est clair que cette veine « française » correspond à tout ce qui dans son œuvre relève d'un type d'inspiration nourrie de faits, de notations, d'observations pittoresques dont il a le plus grand besoin dans son activité littéraire « courante » de journaliste, de feuilletoniste ou de chroniqueur. C'est la part de lui-même qui est le plus liée au métier : celui d'un homme doué d'une grande mobilité de plume et d'esprit, toujours prêt à ouvrir son regard sur le monde extérieur, amateur d'une langue juste et vraie, pleine de bonne humeur et d'excellent *humour*, une langue propre à la description, à la relation, au compte rendu efficace et vivant.

Mais bien entendu il y a l'autre versant de la culture nervalienne. Le versant nocturne. Le versant romantique et ésotérique. Il n'est pas moins important. Il est simplement plus connu. Et pourtant il ne prend sa véritable originalité que par rapport au premier. On retrouve en effet dans ce contraste de deux zones de culture le schéma d'alternance que l'on pouvait discerner dans la psychologie même de Nerval. On y retrouve cette féconde dialectique intérieure qui donne à toute son œuvre un si grand pouvoir d'interrogation. L'Antiquité dont il découvrait la lumière avec les grands classiques, il en découvrira les mystères et les ombres avec Apulée. Le Moyen Age dont il goûtait la libre fantaisie chez Villon, il en rencontrera la tragique et obscure grandeur chez Dante (dont il place *la Divine Comédie* au rang des « modèles poétiques » d'analyse de l'âme humaine qui l'inspirent au début d'*Aurélia*). La Renaissance dont il prisait en France la vitalité poétique, il en saisit en Italie le mysticisme à travers *le Songe de Poliphile* du peintre Francesco Colonna : les thèmes néo-platoniciens chers à Marsile Ficin et à ses disciples qu'offre ce roman se projettent sur son propre destin et lui permettent de transposer certains aspects de son aventure spirituelle dans les amours de Francesco pour la belle Lucrétia Polia, auxquelles il fait si souvent allusion dans son œuvre.

Le Songe de Poliphile *de Francesco Colonna a hanté l'imagination de Nerval*

HYPNEROTOMACHIE,
OV

Discours du songe de Poliphile,

Deduisant comme Amour le combat a l'occasion de Polia.

Soubz la fiction de quoy l'aucteur monstrant que toutes choses terrestres ne sont que uanité, traicte de plusieurs matieres profitables, & dignes de memoire.

Nouuellement traduict de langage Italien en Francois.

A PARIS

Pour Iaques Keruer aux deux Cochetz, Rue S. Iaques.

M. D. XLVI.

AVEC PRIVILEGE DV ROY.

De la même manière, au XVIIIe siècle, l'influence de Rousseau viendra balancer pour lui celle de Restif (sans s'y opposer toutefois, puisqu'il rappelle que Restif était un « Jean-Jacques des Halles »). Rousseau, c'est le monde de son enfance. Tout jeune, il a été « sensibilisé » à la contemplation de certains paysages, à la fréquentation de lieux privilégiés – Ermenonville, l'île des Peupliers –, aux manifestations multiples d'une sorte de culte collectif et diffus voué par toute une province à Jean-Jacques. Aussi ne faut-il pas s'étonner que le souvenir des *Confessions* ou de *la Nouvelle Héloïse* imprègne ses écrits, que ses *Promenades et Souvenirs* soient conçus à la manière des *Rêveries*, que la vie et la mort de Rousseau excitent étrangement son imagination. Ce « rousseauisme » est une voie d'accès à son romantisme profond comme l'illuminisme du XVIIIe siècle l'ouvre à l'ésotérisme. Il associera Sénancour à Jean-Jacques, il saluera dans la génération nouvelle Nodier comme un de ses maîtres, un de ses « tuteurs littéraires », un de ses initiateurs au monde du fantastique et du rêve.

Et ce que ne pouvait lui proposer la littérature anglaise (sauf peut-être l'élégiaque Thomas Moore qu'il imite dans ses débuts), la littérature allemande le lui apportera. On parle souvent du germanisme de Nerval. On n'en saisit pas toujours la nature exacte. Gérard, lorsqu'il traduisait *Faust* à vingt ans, était loin – nous l'avons dit – de connaître parfaitement l'allemand (qu'il ne parlera d'ailleurs jamais avec aisance) : il cédait à une sorte de pression générale de l'opinion littéraire. C'était bien là son génie : refléter, exprimer, prendre en charge la curiosité, l'engouement du public. Cela est encore visible dans ses traductions, ses adaptations de Klopstock, Schiller, Burger. Et, bien sûr, ce rôle d'introducteur est capital : Gérard a su situer historiquement ces poètes et en parler admirablement, comme il parlera plus tard de Heine, son ami. Mais son vrai germanisme est ailleurs. Il est dans l'influence profonde reçue dans un deuxième temps de cette littérature allemande à laquelle il s'est initié par étapes. Elle finit par agir sur lui en profondeur, lui apportant des thèmes, des schémas de pensée, comme en témoigne sa

Ermenonville. Voici les peupliers de l'île, et la tombe de Rousseau, vide de ses cendres…

Lithographie de Tony Johannot pour la ballade de Bürger Lenore *que Nerval traduisit en1829*

préface de 1840 à sa traduction de *Faust* suivi du *Second Faust*. Elle le met en présence d'une vision du monde particulière, d'un type de récit – où le fantastique et l'ironie, le sens de l'observation et le caprice de l'imagination s'équilibrent – dont Hoffmann lui donne l'exemple. De toute façon, la voie « allemande » est pour lui celle de l'exploration de l'univers de l'allégorie, du rêve et du symbole, des couches souterraines de la conscience, de la descente en soi-même.

Sans doute cela est-il vrai aussi de la voie ésotérique. Ici pourtant nous serons prudents. Grande est l'expérience de Nerval dans ce domaine. Qu'il s'agisse de son platonisme, de son « orphisme », de son pythagorisme, de sa sympathie pour Pic de La Mirandole, Meursius, Nicolas de Cusa, de sa familiarité avec les écrits de Court de Gebelin, Herbelot de Molainville, Devismes du Valgay, Martinès de Pasqually, ou même de l'intérêt qu'il porte comme beaucoup de ses contemporains à Swedenborg, ses connaissances sont surprenantes, sa curiosité inlassable. Il n'en est pas moins vrai qu'en matière de culture ésotérique il est toujours extrêmement difficile de faire la différence entre les lectures hâtives et le savoir, entre la documentation et la croyance, entre l'information et l'initiation, entre la lettre et l'esprit. Si parfois Nerval a puisé à des sources sérieuses et précises, il nous paraît que d'autres fois il s'est laissé entraîner, comme le fera plus tard Apollinaire, par le plaisir, vaguement pédantesque, de cultiver une érudition bizarre : et cela le rendait probablement capable de dévorer des bibliothèques orientales en quelques jours. C'est d'ailleurs Apollinaire qui citait à son propos ce mot d'Auguste de Belloy : « Il apprenait avec étonnement que vous n'aviez jamais lu Origène ni Apollonius de Thyane ; que vous n'étiez pas en état de faire la distinction d'Hillel l'Ancien et d'Hillel le Saint ; que vous ignoriez jusqu'au nom d'Asclépliode ou de Wigbode. Les formules suivantes ne tarissaient pas dans sa bouche : – Vous avez lu dans Maïmonide... Vous vous rappelez ce passage de Bhavabouti... Il faudrait n'avoir jamais lu *les Préadamites* de Lapeyrère, etc., etc. » Et Gérard lui-même, qui n'était pas le dernier à s'amuser de toute cette science qui se bousculait dans sa tête, se plaignait à Janin en 1841 qu'on le fît un peu trop vite passer pour *une sorte de prophète, d'illuminé, dont la raison s'était perdue en Allemagne, dans les épreuves des sociétés secrètes et dans l'étude des symboles de l'Orient.* Quoi qu'il en soit, l'ésotérisme a bien été pour Nerval une forme particulièrement riche d' « expérience », une méthode de connaissance du monde et de soi, révélatrice d'une orientation de sa personnalité et surtout de son universelle curiosité.

FAUST

PAR WOLFGANG GOETHE,

Traduit de l'allemand par **GÉRARD DE NERVAL**

PRÉCÉDÉ

DE LA LÉGENDE POPULAIRE DE JOHANN FAUST

L'un des inventeurs de l'imprimerie.

LÉGENDE DE FAUSTE

PAR WIDMANN,

TRADUITE EN FRANÇAIS, AU XVIe SIÈCLE,

PAR PALMA CAYET.

—

L'origine de Fauste, et ses études.

Le docteur Fauste fut fils d'un paysan natif de Weinmar sur le Rhod, qui a eu une grande parenté à Wittenberg, comme il y a eu de ses ancêtres gens de bien et bons chrétiens; même son oncle qui demeura à Wittenberg et en fut bourgeois fort puissant en biens, qui éleva le docteur Fauste, et le tint comme son fils; car, parce qu'il était sans héritiers, il prit ce Fauste pour son fils et héritier, et le fit aller à l'école pour étudier en la théologie. Mais il fut débauché d'avec les gens de bien, et abusa de la parole de Dieu. Pourtant, nous avons vu telle parenté et alliance de fort gens de bien et opulents comme tels avoir été du tout estimés et qualifiés prud'hommes, s'être laissés sans mémoire et ne s'être fait mêler parmi les histoires, comme n'ayant vu ni vécu en leurs races de tels enfants impies d'abomination. Toutefois, il est cer-

Faust signe le pacte avec Méphistophélès.

tain que les parents d[u]
docteur Fauste (comm[e]
il a été su d'un chacun [à]
Wittenberg) se réjouiren[t]
de tout leur cœur de c[e]
que leur oncle l'avait pri[s]
comme son fils, et comm[e]
de là en avant ils ressen[-]
tirent en lui son espri[t]
excellent et sa mémoire[,]
il s'ensuivit sans dout[e]
que ses parents eurent u[n]
grand soin de lui, comm[e]
Job, au chap. 1, avait soi[n]
de ses enfants, à ce qu'il[s]
ne fissent point d'offens[e]
contre Dieu. Il advien[t]
aussi souvent que les pa-
rents qui sont impies on[t]
des enfants perdus et ma[l]
conseillés, comme il s'es[t]
vu de Cham, Gen. 4; d[e]
Rub, Gen. 49; d'Absalon[,]
2 Reg. 15, 18. Ce que j[e]
récite ici, d'autant qu[e]
cela est notoire, quand le[s]
parents abandonnent leu[r]
devoir et sollicitude, pa[r]
le moyen de quoi ils se[-]
raient excusables. Tels n[e]
sont que des masques[,]
tout ainsi que des flétris-
sures à leurs enfants; sin-
gulièrement comme il e[st]
advenu au docteur Faus[te]
d'avoir été mené par s[es]
parents. Pour mettre i[ci]
chaque article, il est à sa-
voir qu'il l'ont laissé fai[re]
en sa jeunesse à sa fan-
taisie, et ne l'ont poi[nt]
tenu assidu à étudier, q[ui]
a été envers lui par se[s]
dits parents encore pl[us]
petitement. Item, quan[d]
ses parents eurent vu s[a]
maligne tête et inclin[a-]

C'est cette curiosité qui se reflète encore dans son amour du voyage. Ou plutôt dans sa manière de voyager. J.-P. Richard a parfaitement senti comment ce rythme balancé, un peu nonchalant, qui est celui de ses pérégrinations, se traduisait dans le mouvement de son écriture : « On monte, on descend, on s'arrête, on cause avec un voisin, on dîne, on dort, puis on repart. La seule loi du déplacement c'est ici l'absence de loi, la soumission au hasard et à l'instant. » Nerval ne se dissimulait pas qu'il voyageait d'abord pour observer, pour prendre des notes et pour trouver là matière à article, à copie. *J'ai voyagé pour trouver des sujets de feuilletons*, écrit-il à Stadler en décembre 1840. Et à son père, à la même époque, il se présente comme un *voyageur feuilletoniste*. Mais l'espèce de disponibilité cultivée, l'éveil de l'attention qu'exige une telle vocation le conduisent précisément à se forger une théorie très personnelle du voyage, intimement accordée à ses rythmes « biologiques » comme aux courbes de ses pensées. Rien n'est aussi révélateur à cet égard que le début du chapitre du *Voyage en Orient* intitulé *les Amours de Vienne* où Gérard s'adressant à son ami Philotée O'Neddy lui déclare : *Tu m'as fait promettre de t'envoyer de temps en temps les impressions* sentimentales *de mon voyage qui t'intéressent plus, m'as-tu dit, qu'aucune description pittoresque. Je vais commencer. Sterne et Casanova me soient en aide pour te distraire. J'ai simplement envie de te conseiller de les relire, en t'avouant que ton ami n'a point le style de l'un ni les nombreux mérites de l'autre, et qu'à les parodier il compromettrait gravement l'estime que tu fais de lui. Mais enfin puisqu'il s'agit surtout de te servir en te fournissant des observations où ta philosophie puisera des maximes, je prends le parti de te mander au hasard tout ce qui m'arrive, intéressant ou non, jour par jour si je le puis, à la manière du capitaine Cook, qui écrit avoir vu un tel jour un goéland ou un pingouin, tel autre jour n'avoir vu qu'un tronc d'arbre flottant ; ici la mer était claire, là bourbeuse. Mais à travers ces signes vains, ces flots changeants, il rêvait des îles inconnues et parfumées, et finissait par aborder un soir dans ces retraites du pur amour et de l'éternelle beauté.*

On voit dans ces lignes placées sous les auspices du capitaine Cook, de Sterne et de Casanova (ce qui nous ramène expressément à la première orientation culturelle signalée plus haut) que pour Nerval le voyage est d'abord une affaire où l'on s'engage personnellement : il importe d'en tirer des *impressions* plutôt que des descriptions pittoresques, il faut y puiser des observations, des maximes qui débouchent sur un art de vivre. Mais cela ne doit pas être le fruit d'une organisation systématique, cela doit venir de l'imprévu : l'enseignement se fait *au jour le jour*, l'expérience n'est jamais figée, close, elle reste toujours ouverte. Signes vains, flots changeants peut-être, mais ce n'est que par eux que l'on atteint *autre chose :* les îles inconnues, les retraites du pur amour et de l'éternelle beauté. Théorie fascinante dont on aperçoit immédiatement les relations avec tout le comportement de Nerval et ses préoccupations permanentes. Le voyage est le type même de la situation où des choses *arrivent (te mander au hasard tout ce qui m'arrive)* qui à tout moment peuvent se charger d'une signification et entrouvrir une porte. Il brise l'ordre et la régularité du temps, il offre une constante occasion de renouvellement. Mais il est nécessaire de l'aborder dans un esprit de coopération – ou, là encore, de participation. Il faut aller au-devant de ce qu'il apporte. C'est ainsi que l'idée du *voyage sentimental* chère à Sterne est spontanément adoptée par Gérard : découvrir un pays par ses femmes, les aimer, les apprécier, c'est évidemment plus que se lancer dans des aventures piquantes, c'est multiplier les chances d'îles inconnues. Et varier les observations de mœurs – ou même de paysages – c'est remettre méthodiquement en question l'ancien dans le nouveau. Il y a dans une lettre que le poète écrit à son père du Caire, le 18 mars 1843, une phrase étonnante : *Véritablement le soleil est beaucoup plus brillant dans ce pays que dans le nôtre, et il semble qu'on n'ait vu ce soleil-là que dans la première jeunesse, quand les organes étaient plus frais.* Ce rajeunissement des perceptions, cette fraîcheur restituée au contact avec le monde, le voyage en Orient en offre d'innombrables exemples. Et c'est bien par là qu'en dépit de son arrière-plan livresque il reste tout

La Haye. Gravure de H. Walter.

de même un vrai voyage, parfaitement concret et réel : quand Gérard se fait Arabe parmi les Arabes (avec tarbouch, cheveux et barbe taillés à la mode égyptienne), Druse parmi les Druses, aventureux acquéreur de la petite Javanaise Zeynab, soupirant officiel de la blonde Saléma, amateur de dattes et de bananes à Alexandrie, de lait caillé ou de mouton grillé au Liban, c'est un homme vivant qui reprend possession de la terre. Et à tout moment, dans ses lettres, lui échappent des exclamations comme celles-ci : *C'est presque rajeunir de dix ans que de vivre ici !... La verdure et les fleurs sont éternelles dans ces heureux pays.* Le temps est à nouveau

FICHOT

suspendu dans un univers de sensations immédiates. Le voyage est l'expérience de la *présence*, de l'adhésion au monde.

De la même manière, à Vienne, il n'y a pas eu que le Gérard – un peu complaisamment « raconté » par lui-même – des théâtres, des casinos, des bals, des *Sperls*, une Katty ou une Vhaby à son bras, mais aussi le véritable jeune homme qu'observait avec sympathie Alexandre Weill pendant l'hiver de 1840 : « Il était beau de voir, au Carl Theater, l'élégant Gérard croquer, à côté de sa belle, une petite saucisse assaisonnée de raifort râpé qu'il tirait d'un cornet de papier blanc et dont il bourrait les dents blanches de son adorée. » Il ne faut pas oublier ce Nerval plein d'un appétit de vivre, confiant en l'impression du moment, prompt à ouvrir l'œil sur ce qui l'entoure ; c'est celui que nous retrouvons dans les récits qui composent *Lorely* et où sont évoqués avec le même bonheur les calmes paysages du Rhin et les bruyantes kermesses de La Haye (avec tout de même une finesse de touche, une agilité de pinceau particulière dès qu'il s'agit de la poésie des rues, des fêtes, des guinguettes, des femmes en toilettes : il y a du Constantin Guys en Nerval) ; c'est celui qui décrit en des notes trop peu connues les charmes de Londres nocturne, de *Privy-Garden*, de *Saint-James Park*, à l'heure où les lampadaires à gaz s'allument ; c'est celui qui parle de l'Italie, de Naples, de ses ruelles étroites derrière Chiaia ou vers le Pausilippe, des feux du soleil sur le golfe entre Ischia et Nisida, comme peu de ses contemporains en ont parlé.

Et de fait, depuis cette Italie qu'il découvrait en 1834 jusqu'à cette Allemagne où il retourne, visiteur infatigable et toujours entreprenant malgré la maladie et l'inquiétude, moins d'un an avant sa mort, une grande partie de son existence, la plus heureuse peut-être, a été pérégrinante. Heureuse, oui, et d'abord pour les raisons les plus simples : *Quel bonheur ! n'être pas obligé d'aller à un hôtel désigné, d'y prendre une chambre, d'y commander à dîner... Je descends où je veux, je suis maître de la ville. Je puis m'arrêter au premier restaurant venu où l'on me servira selon ma fantaisie ; ensuite aller au café, au théâtre, sans me préoccuper d'un hôtel, que je choisirai,*

Vienne, le nouvel Opéra impérial.

comme j'ai fait de l'omnibus, en entrant à l'heure que je voudrai dans le premier qui se présentera sur ma route... Ce bonheur tout fait d'*évidence* et de liberté est peut-être le secret le mieux gardé de Gérard. L'homme des passeports, des missions à l'étranger, des bateaux, des coches, des diligences, des tables d'hôte n'est pas facile à saisir parce que son image contredit peut-être celle que l'on s'est faite une fois pour toutes de l'homme assigné à résider dans l'univers clos de ses prisons mentales.

Pourtant il n'y eut pas de voyageur plus talentueux en son siècle. Sans doute était-il de ceux-là « qui partent pour partir », poussé par une impatience de ses propres limites et cette volonté de fuite hors du temps et de soi qui ne le lâchait pas, mais il n'a jamais laissé passer la moindre occasion de découvrir les hommes, d'enrichir son bagage, d'aiguiser sa sensibilité, et d'élargir finalement la capacité de connaissance et de création qui a fait de lui un poète.

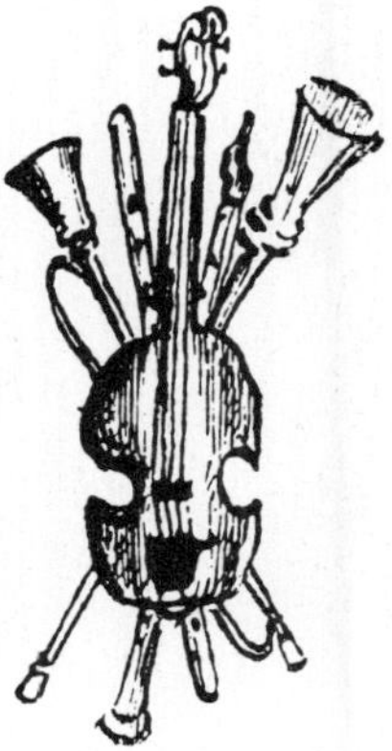

Palais de Saint-James, à Londres.

TABLES

NERVAL ÉCRIVAIN

La conscience du temps et une culture. Telles sont donc les deux bases sur lesquelles va s'édifier l'œuvre de Nerval. La première représente tout ce qui en lui est drame, angoisse, refus, germes de division de soi. La seconde, le seul élément de *résistance* qui puisse être opposé (parce que le poète le trouve hors de lui-même) à ces forces de destruction, de négation, de dissolution.

La rencontre, l'équilibre de ces deux types d'expérience ne peuvent se réaliser que dans la création littéraire. Nerval en connaissait parfaitement les lois. Il savait quel engagement personnel et quelle discipline elle suppose. Il était mieux placé que n'importe lequel de ses contemporains pour comprendre à partir de quel moment elle cesse d'être une « besogne » ou même un exercice pour mettre en jeu une responsabilité qui est autant celle de l'écrivain envers le langage que celle de l'homme en face d'une certaine forme de salut. Ce n'est pas un hasard si ses dernières années sont celles où il échappe aux tâches de second ordre pour donner le meilleur de lui-même. Il est parvenu au point le plus critique de son destin en même temps qu'au plus haut degré de son

La rue des Écrivains, à Paris, dans le quartier que hantait Nerval.

enrichissement culturel. Et paradoxalement c'est à ce moment de sa vie où sa santé est le plus ébranlée, sa lassitude la plus grande, sa lutte contre la nuit qui assaille son esprit la plus rude, qu'il ressent et exprime le mieux la nécessité du *travail.*

Joseph Méry, son ami, a exposé comment il préparait *Sylvie :* « ... Gérard de Nerval travaillait lentement et à ses heures d'inspiration. Son pupitre était un peu partout ; il écrivait sur une borne comme Mercier ou sur le guéridon d'un café, jamais chez lui ; des lambeaux de carrés de papier remplissaient les poches de son habit et il égarait souvent ses meilleures périodes. Quand le soleil l'invitait à une promenade à la campagne, il partait et courait la banlieue, son crayon à la main, écrivant, parfois d'une manière illisible, toutes les charmantes choses que lui inspirait la jeune nature du printemps. Il fallait ensuite mettre en ordre tant de petites pages éparses, corriger les fautes de l'improvisation, contrôler une pensée de vérité douteuse, donner au style toute la perfection possible et payer un copiste pour présenter un ensemble acceptable à l'imprimeur. Sur cette première copie un nouveau travail de révision était à faire ; nouveau travail aussi pour le copiste et surcroît de dépense... » Quelle que soit la part de pittoresque que contient ce texte, il n'en constitue pas moins un témoignage important sur la manière dont travaillait Gérard en 1852-1853. On y apprend que l'acte d'écrire intéressait sa vie entière (le *lieu* n'en est pas l'espace clos d'un cabinet de travail, d'une chambre, mais le terrain même de l'activité quotidienne), qu'il supposait une victoire permanente sur la dispersion, le désordre (symbolisés par ces lambeaux, ces carrés de papier dont on retrouve en effet trace parmi ses collections de notes manuscrites), qu'il était obstinément mis au service de cette forme *absolue et précise* dont Nerval, dans la préface de 1840 de sa traduction de *Faust,* dit qu'elle est nécessaire à l'art et qu'au-delà d'elle il n'y a que trouble et confusion. La façon dont il analyse lui-même son effort, au fil de sa correspondance, confirme cette exigence. En octobre 1852, au cours d'un séjour dans le Valois où il est allé *faire le paysage de son action,* il écrit à Buloz, directeur de la *Revue des deux mondes : ... Pour moi,*

Des amis vinrent me chercher et l'état de vision continua toujours. La seule différence de la veille au sommeil était que dans la première, tout se transfigurait à mes yeux; chaque personne qui m'approchait semblait changée, les objets matériels avaient ~~comme~~ une pénombre qui en ~~changeait~~ modifiait la forme, et les jeux de la lumière, les combinaisons des couleurs se décomposaient de manière à m'entretenir dans une ~~[illegible]~~ constante d'impressions qui se liaient entre elles et dont le rêve, plus dégagé des éléments extérieurs continuait la probabilité.

~~[illegible]~~

~~Je me vis d'abord transporté dans une maison située sur les bords du Rhin, les rayons du soleil couchant [illegible] autour de la porte les feuilles transparentes d'une vigne~~

~~Lorsque j'étais encore couché sur le lit de camp, ma pensée se partageait encore entre la vision et le sentiment des choses réelles. On avait arrêté [illegible] même un jeune homme dont les paroles toujours m'arrivaient à travers une porte et que j'y vis parfois vaguement~~

Je me vis d'abord ~~transporté~~ dans une maison située sur les bords du Rhin. Un rayon de soleil traversait gaiment les contrevents verts ~~[illegible]~~ que festonnait la vigne. — On me dit : Vous avez été transporté chez vos parents. Ne tardez pas à vous lever car ils vous attendent. — ~~Il y avait je pour~~ une horloge rustique accrochée au mur et sur cette horloge un oiseau qui se mit à parler.

Aurélia. *Fragment autographe, collection Lucien Graux.*

c'est fini, c'est-à-dire écrit au crayon sur une foule de morceaux de papier, que je n'ai qu'à récrire : un bon coup de collier de trois ou quatre jours... Je doute bien d'être prêt pour la fin du mois ; mais n'est-ce pas, il vaut mieux *que ce soit* mieux... (c'est lui qui souligne ce double *mieux*). Quelques mois après, il se plaint à un autre correspondant, Victorien de Mars, des difficultés qu'il rencontre : ... *Cela tient peut-être à vouloir trop bien faire.* Au même, un peu plus tard : *La seule hâte me fait travailler, comme toujours. Sinon, je* perle *trop* (c'est lui encore qui souligne ce mot *perler*, si révélateur du soin avec lequel il ouvrage sa nouvelle). Dans *Aurélia*, il expliquera jusqu'à quel point son travail a pu mobiliser son énergie, son attention, mettre en jeu son repos, sa santé : ... *Peu à peu je me remis à écrire et je composai une de mes meilleures nouvelles. Toutefois j'écrivis péniblement, presque toujours au crayon, sur des feuilles détachées, suivant le hasard de ma rêverie et de ma promenade. Les corrections m'agitèrent beaucoup. Peu de jours après l'avoir publié, je me sentis pris d'une insomnie persistante.* C'est peut-être là un des textes qui révèlent le mieux les relations qui unissaient son travail d'écriture et son expérience intérieure, la liaison qui existait entre son *métier* et sa vie profonde.

Aurélia tout entière est un document irremplaçable sur l'originalité de sa démarche créatrice. Mais le témoignage qui, dans le cas de *Sylvie*, était apporté « parallèlement » par des lettres, des notes, des confidences, est cette fois inscrit dans l'œuvre même. En effet, nous avons affaire à un récit qui s'accomplit devant nous et Gérard a constamment le souci de nous présenter le plus objectivement possible l'opération littéraire qu'il est en train de réaliser. Il l'annonce, il la situe, il la décrit, et cela dès le début de son livre : *Je vais essayer... de transcrire les impressions d'une longue maladie qui s'est passée tout entière dans les mystères de mon esprit...* Le ton est modeste *(essayer)*, l'attitude appliquée *(transcrire)*, tout indique qu'il s'agit pour l'auteur de toujours rester maître de l'exécution de son œuvre, d'en contrôler, d'en surveiller le développement dans l'instant même où il nous demande de le suivre. Tout le mouvement initial d'*Aurélia* est un mouvement de création consciente où l'écrivain prend vis-à-vis de lui-même une distance suffisante pour se voir écrire. Et le lecteur est du même coup transformé en observateur, en témoin. Cela tient en grande partie à la nature même du récit qui – nous l'avons dit – a été entrepris sur les conseils du docteur Blanche à des fins thérapeutiques et prend donc naturellement au départ la forme du *constat. J'entreprends*, dit Gérard à son père le 2 décembre 1853, *d'écrire et de constater toutes les impressions que m'a laissées ma maladie. Ce ne sera pas une étude inutile pour l'observation et la science*. Les termes employés : *constater*, *étude*, *observation*, *science*, *analyse*, *description* définissent parfaitement son « projet ». La rigueur, le scrupule qu'il entend apporter à son travail ne sont pas imposés du dehors par une préoccupation de caractère esthétique : ils correspondent à la nécessité profonde de l'œuvre qui ne sera exploratrice que dans la mesure où elle sera créatrice. Il faut que l'écriture y avance du même pas que l'observation, avec le même calme, la même fermeté, la même clairvoyance assurée. D'où le ton à la fois objectif et solennel (si caractéristique, inoubliable dès qu'on l'a perçu une fois) que Nerval emploie. *Je veux montrer...*, *Je veux expliquer...* : tel est bien le niveau de langage où se situe *Aurélia*, telle est bien l'inflexion qui entraîne le récit. Cela peut aller jusqu'à la sécheresse : *Cette* Vita nuova *a eu pour moi deux phases. Voici les notes qui se rapportent à la première...*, ou, à la fin de l'œuvre : *J'inscris ici, sous le titre de* Mémorables, *les impressions de plusieurs rêves qui suivirent celui que je viens de rapporter...* Mais précisément c'est par la façon même dont Nerval *énonce* ce qu'il va faire qu'il nous replace sans cesse à la source d'un acte créateur qui se confond avec le progrès, le déroulement de son livre.

Or cette lucidité à la fois mesurée et grave, qui serait remarquable dans n'importe quelle œuvre littéraire, l'est particulièrement dans un ouvrage dont l'intention avouée est de rendre compte de *l'épanchement du songe dans la vie réelle*, de raconter l'expérience de la folie, de décrire des visions de rêve dont certaines ont le caractère de complexes méditations cosmogoniques. Toutes les ressources de l'*expres-*

sion ont alors pour mission d'introduire l'ordre dans le désordre, de convertir la confusion en « cohérence ». *S'entretenir d'idées pures et saines pour avoir des songes logiques*, écrivait Gérard dans une des notes éparses qu'il nous a laissées : il aurait pu de la même manière dire qu'à ses yeux une écriture pure et saine était un gage de logique. En ce sens, Jean Giraudoux n'avait pas tout à fait tort, malgré les réserves qu'Albert Béguin a pu faire sur son jugement de « pur écrivain », de déclarer que la lecture d'*Aurélia* était émouvante « par la modestie avec laquelle Nerval a confié son destin à son art, par la confiance qu'il a faite à sa profession et le souci qu'il a eu de préférer au testament ou à la confidence une forme littéraire ».

Encore faut-il comprendre comment il a été possible à Gérard de donner à son récit cette forme littéraire. Il ne lui suffisait pas de choisir le ton du constat et de la relation clairvoyante, il lui fallait s'y tenir, c'est-à-dire l'adapter sans défaillance au sujet exceptionnel qu'il se proposait de traiter. Une seule voie s'offrait à lui : user de la même encre pour décrire le monde de la réalité et celui du rêve. Or cela lui a été *naturellement* possible, parce qu'il ne les « ressentait » pas différents. L'originalité profonde de son expérience dans ce domaine commande l'originalité de son écriture. André Breton note dans *Nadja :* « L'absence bien connue de frontière entre la *non-folie* et la folie ne me dispose pas à accorder une valeur différente aux perceptions et aux idées qui sont le fait de l'une ou de l'autre. » Le mot le plus important peut-être dans cette phrase est le mot *perceptions.* C'est parce que pour Nerval le quotidien et l'imaginaire, le vécu et le rêvé sont l'objet de perceptions identiques, que son œuvre justifie si parfaitement par anticipation la pensée de Breton. Tout ce qui est *dit* dans *Aurélia* a d'abord été *vu*, la sérénité du langage y découle directement de la sérénité du regard. Gérard parle sans cesse de tableaux, de visions qui sortent de l'ombre. *Telles furent les images qui se montrèrent tour à tour devant mes yeux*, dit-il au début du chapitre IX de la première partie. Il se souvient du *diorama* dont il avait parlé dans un de ses feuilletons de 1844. Chaque fois qu'il évoque un geste, une attitude, une présence, c'est la forme de l'*apparition* qu'il choisit : ... *Je la vis venir à moi et me tendre la main. Je sors d'un rêve bien doux : j'ai revu celle que j'avais aimée transfigurée et radieuse.* Il écrit : *Je ne pouvais douter de ce que j'avais* vu *si distinctement* (et souligne lui-même le mot *vu*). Cette constante « visualisation » des choses décrites fonde l'unité de ton du récit.

Or il y a trois sortes de matériaux dans *Aurélia :* le réel, le rêve et la réflexion. Nous savons aujourd'hui que, dans une première version (que Jean Richer croit entreprise dès 1841-1842) le réel dominait : Gérard donnait des détails, des indications de lieux, des noms propres [1]. Dans la version de 1853-1854, où il reprend son travail dans un dessein entièrement nouveau, ces détails s'estompent alors que les descriptions de rêves acquièrent une exceptionnelle richesse. La réflexion elle aussi se développe, comme le montre par exemple l'important prologue de la deuxième partie. Nous avons affaire à une œuvre homogène qui, après un bref prélude se situant en 1839-1840 (la rencontre avec Marie Pleyel, l'entrevue avec Jenny Colon à Bruxelles), s'organise autour des crises de 1841-1842, puis de 1851-1854 et des séries de rêves qui s'y rapportent respectivement. Il y a rupture dans la biographie, mais continuité dans le déroulement de ces rêves, dans leur interprétation, dans le commentaire qui les accompagne. C'est bien pour cela que Nerval considère la suite des épreuves qu'il a traversées comme une « descente aux enfers » et que la plupart de ses exégètes ont décelé dans *Aurélia* des courbes – successives ou simultanées –, des structures qui permettent de conclure à l'authenticité d'un itinéraire intérieur, d'une expérience spirituelle du poète.

Mais justement cet itinéraire, cette expérience n'auraient pas été possibles sans une « retranscription » en un commun langage des observations fournies par le réel, le rêve et la

1. On trouvera les fragments de cette version dans notre édition de *Sylvie - Aurélia* chez J. Corti, 1964, et leur commentaire dans l'ouvrage de J. Richer : *Nerval, Expérience et Création.*

...de longues galeries que le poète traverse en rêve et où il va découvrir un monstre étrange... voltigeant. (J. Martin : Hallucination.)

réflexion. Nerval puise, pour peindre des secteurs différents de son univers, dans un fonds commun d'images et obtient ainsi un réseau de correspondances – ce *réseau transparent qui couvre le monde*, comme il l'écrit lui-même fort bien. Or, à ce stade, l'écriture elle-même devient un milieu transparent où il est démontré, selon un mot de Maurice Blanchot, que « l'extraordinaire fait aussi partie de l'ordinaire ». On le sent d'une manière presque physique à la lecture du texte. Quelques exemples le montreront. Au deuxième chapitre du récit nous est présentée une évocation de corridors, de longues galeries que le poète traverse en rêve et où il va découvrir un monstre étrange - homme ou femme - voltigeant dans l'espace. Le thème des corridors interminables est un thème onirique par excellence. Il est donc à sa place ici. Mais n'avons-nous pas l'impression de le retrouver en pleine réalité lorsque Gérard décrit, dans la deuxième partie, ses déambulations à travers les galeries du Palais-Royal ou ses marches dans le promenoir de la maison du docteur Blanche à Passy ? D'autant plus que, dans ce dernier épisode, il infléchit sa description dans le sens du fantastique : *Outre le promenoir nous avions encore une salle dont les vitres rayées perpendiculairement donnaient sur un horizon de verdure. En regardant derrière ces vitres la ligne des bâtiments extérieurs, je voyais se découper la façade et les fenêtres en mille pavillons ornés d'arabesques et surmontés de découpures et d'aiguilles, qui me rappelaient les kiosques impériaux bordant le Bosphore.* Or la dernière image, qui n'est ni tout à fait rêve ni tout à fait réalité puisqu'elle est souvenir, reparaîtra dans une vision nocturne où Gérard se croit transporté dans *une sorte de kiosque oriental* éclairé d'un jour bleuâtre et plein d'apparitions sanglantes. On voit qu'il y a là comme une chaîne sans fin d'images.

De même lorsque Nerval nous raconte qu'il parcourt en rêve *les rues d'une cité populeuse et inconnue* et coudoie *le peuple de cette capitale* (c'est la *ville mystérieuse* du chapitre I, v, séjour d'une race heureuse et forte), on ne peut s'empêcher d'évoquer ses longues errances de la deuxième partie dans les quartiers de Paris parmi un petit peuple de passants transformés en figures étranges ou en témoins d'une charité retrouvée. S'il décrit son installation à Passy, il le fait en des termes qui rappellent certaines visions cosmogoniques des premiers chapitres. Nous sommes dans *un capharnaüm comme celui du docteur Faust* et voici le mobilier : *une table antique à trépied aux têtes d'aigles* qui peut faire penser à la *Table sacrée* des Eloïms ou à *la sainte table composée des sept métaux les plus précieux* dont il est question dans les *Mémorables ;* une console soutenue par un sphinx ailé – monstre que nous avons déjà aperçu (l'être « voltigeant dans l'espace », le lama ailé) ; une commode du dix-septième siècle, une bibliothèque du dix-huitième, qui évoquent la

La silhouette grisâtre de Saint-Eustache...

succession des âges et une littérature occultiste ; un lit *dont le baldaquin, à ciel ovale, est revêtu de lampas rouge*, image où s'affirme l'importance symbolique de la couleur rouge et qui invite à jouer sur le mot « ciel ». Dans cette chambre, une tradition orientale est enfermée, puisqu'on y trouve un narguilé de Constantinople, des vêtements arabes, un plan du Caire, un plateau de l'Inde ; une tradition gréco-latine également : des peintures mythologiques, des Muses, un tableau de *Vénus et l'Amour*. On ajouterait volontiers que le monde minéral, si important dans les rêves, est aussi représenté, comme à une échelle réduite : étagère chargée de faïence et de porcelaine, coupe d'albâtre, vase de cristal. Gérard résume l'impression en disant qu'il a réussi à faire d'une étroite mansarde *un ensemble bizarre qui tient du palais et de la chaumière*. Toute la force suggestive de la description est dans l'ambivalence des images.

Ces analyses sont encore applicables aux symboles. Qu'il s'agisse de rêve, de réalité ou de réflexion, ceux-ci restent les mêmes. Ils ne changent que d'éclairage. Ainsi dans le rêve du jardin du chapitre I, VI, Aurélia se transfigure au cœur d'un petit parc orné de *treilles* et de *berceaux*. Ces détails, pour qui sait lire Nerval, ont une valeur allégorique. Un peu plus loin le poète se décrit attablé en compagnie de son ami Georges Bell *sous une treille dans un petit village des environs de Paris*. Impossible de ne pas sentir dans le mot un « rappel ». De fait, une chanteuse vient s'approcher des dîneurs, et elle a dans la voix des inflexions qui font songer à *Aurélia*. L'*étoile* est tantôt une réalité lorsqu'elle brille dans le ciel de Paris, tantôt motif de rêve lorsqu'elle verse ses rayons enflammés sur le front d'une femme en détresse abandonnée par les Eloïms sur *un pic baigné des eaux*, tantôt un « attribut » lorsqu'elle couronne la Reine du Midi, tantôt un objet ésotérique lorsque son *regard chatoyant* s'arrête sur une petite fleur de l'Himalaya. Une bague ? C'est dans *Aurélia* un ornement parfaitement réel que le poète voit étinceler à la main de la femme aimée. Si réel qu'il se souvient exactement de la forme du chaton, *une opale taillée en cœur*. Mais le bruit de la scie d'un orfèvre sur le métal suffit à tout transformer :

Tarot italien du XVIIIe siècle : L'étoile.

LE TOILLE

du sang coule et nous sommes entraînés dans le fantastique. Quatre fois, ailleurs, Nerval parlera de bague et de chaton en des termes plus mystérieux encore : ici, le bijou appliqué sur sa nuque empêche son âme de s'enfuir, là trois mots arabes gravés sur l'anneau expriment toute une magie orientale, plus loin le geste de jeter l'objet d'argent dans l'eau d'un ruisseau doit conjurer un déluge imaginaire. Les fleurs appartiennent à deux mondes. Celui de la botanique : *des plans épars de clématites, de houblon, de chèvrefeuille, de jasmin, de lierre, d'aristoloche* apparaissent sous des traînées de lianes et des branches chargées de fruits. Celui des traditions ésotériques : la petite fleur de la montagne devient un symbole alchimique, le *myosotis*, plante témoin, chante « Ne m'oubliez pas », la fleur soufrée d'anxoka rejoint le « flos rosinæ metallicæ » de Dom Pernety, la rose trémière se charge de valeurs chrétiennes et helléniques, la marguerite se transforme en emblème faustien et maternel.

On pourrait multiplier les exemples. Le rêve nervalien plonge ses racines si profond dans le vécu qu'il s'alimente normalement d'images réelles. Cependant ces circuits entre rêve et réalité sont parfois très complexes et il ne suffit pas de parler de correspondances. Un écrivain comme Gérard n'est pas simplement un spectateur privilégié qui perçoit dans l'univers des relations invisibles aux autres. Il possède un œil actif, scrutateur, qui lui permet de solliciter des visions plutôt que de les recevoir passivement, aussi bien de les créer sous sa plume. Chez lui, la divination se fait description. On est étonné de voir qu'il a pressenti ces minutieux procédés surréalistes qui consistent à faire jaillir du dessin de certains objets, de certaines taches, des formes neuves : *des combinaisons de cailloux, des figures d'angles, de fentes ou d'ouvertures, des découpures de feuilles, des couleurs, des odeurs et des sons, je voyais ressortir des harmonies jusqu'alors inconnues.* Sur les murs de la maison du docteur Blanche, il aperçoit des figures représentant la lune géométriquement dessinée, une sorte de masque, une idole japonaise, il voit des pierres taillées en forme de macarons, et tout cela l'invite à des explorations obscures. Au milieu d'une de ses rêveries les plus sombres et des plus chaotiques – celle du chapitre I, x – il est capable de décrire une affiche dont *l'encadrement typographique était fait de guirlandes de fleurs si bien représentées et coloriées qu'elles semblaient naturelles.* Une telle acuité du regard, une telle attention aux détails dans des tableaux où l'imagination cosmique se libère ont quelque chose de fantastique. Ce don d'observation visionnaire atteint peut-être son plus haut degré de poésie dans une image de la deuxième partie : *Je me promenai le soir plein de sérénité aux rayons de la lune et, en levant les yeux vers les arbres, il me semblait que les feuilles se roulaient capricieusement de manière à former des images de cavaliers et de dames, portés par des chevaux caparaçonnés.* On voit que c'est à force de regarder les choses intensément que Nerval parvient, sans altérer la réalité, à en dégager tout le potentiel onirique. Et sans doute est-ce pour cela que les visions les plus hallucinatoires que nous propose *Aurélia* gardent un contact étroit avec la réalité, une prodigieuse qualité concrète. Les effets les plus subtils de lumière, de couleur, de mouvement y naissent d'abord de sensations, de perceptions bien réelles. Les rêves de « grandissement », par exemple, que l'on rencontre si souvent dans le récit (un homme dans la rue, Aurélia dans un jardin paraissent grandir, leur taille se développe) semblent s'organiser à partir de poussées cénesthésiques. Le mot « pardon » *signé dans le ciel du sang de Jésus-Christ* qui apparaît aux yeux du poète dans une des visions finales des *Mémorables* nous fait invinciblement penser à ces rougeurs du couchant, ces lueurs pourpres du soleil sur lesquelles Gérard dans son œuvre fixe si souvent son regard. Il y a un échange constant, une circulation incessante des formes, des couleurs, des images, des apparences dans le récit. La frontière entre le réel et le rêvé y est merveilleusement poreuse. Nerval applique à la lettre la technique, chère à André Breton, des *vases communicants :* les événements de la vie sont homologues aux événements « oniriques » et en permanente relation avec eux, mais à condition que l'expression mise au service du compte rendu des uns et des autres soit maintenue à un niveau égal. C'est ce que Gérard voit très bien, lorsqu'il écrit : *Je ne sais comment expliquer que, dans mes idées, les événements terrestres pouvaient coïncider avec ceux du monde surnaturel, cela est plus facile à sentir qu'à énoncer clairement.* Là où la démonstration est impuissante, où le raisonnement échoue, l'art pourra donner à sentir, placer le lecteur devant une évidence.

Sans doute tout ce qui vient du rêve et de l'esprit se trouve-t-il exprimé dans *Aurélia* en termes de réalité et, à l'inverse, la vie quotidienne s'y pare-t-elle discrètement des couleurs et de la lumière de l'irréel. Ce n'est point hasard si les choses les plus étranges s'y passent dans le lieu le plus commun des actions des hommes : la *rue*. Qu'il s'agisse de la marche – racontée dans les premiers chapitres – que poursuit le poète en direction d'une étoile jusqu'au « confluent de trois rues » et qu'interrompra la rencontre d'une ronde de nuit, qu'il s'agisse de la longue déambulation de la deuxième partie qui le conduit, à travers Paris, de la barrière de Clichy aux galeries du Palais-Royal, c'est toujours sur la chaussée, sur la place publique, au milieu du va-et-vient des passants ou dans le repos d'une ville endormie que se déchaînent de silencieuses apocalypses, que se nouent les unes aux autres de fantastiques visions. Gérard disait fort justement dans une lettre à Madame Ida Dumas : ... *Il y a ici des médecins et des commissaires qui veillent à ce qu'on n'étende pas le champ de la poésie aux dépens de la voie publique* (il écrivait aussi à Janin : *J'en ai assez de courir après la poésie ; je crois qu'elle est à votre porte et peut-être dans votre lit*). En fait, cet empiètement de la poésie sur la voie publique n'illustre rien d'autre que l'extraordinaire « réconciliation » dont son œuvre est le théâtre. Les cloisons tombent, les barrières s'écroulent, les contraires cessent de s'opposer pour qui peut *dire* les choses comme elles doivent être dites. A la fin des *Mémorables* sur lesquels s'achèvent son récit, Nerval a cette phrase étonnante à propos de ce qu'il appelle le monde externe et le monde interne : *Je crus*, dit-il, *que l'inattention ou le désordre de l'esprit en faussaient seuls les rapports apparents.* L'écrivain est celui qui remet les choses en place en se montrant capable d'*attention* et d'*ordre*. Son rôle est de correction, de direction. *Diriger mon rêve éternel au lieu de le subir :* peut-être est-ce cette autre phrase souvent citée qui définit le mieux aux yeux de Gérard la responsabilité de la littérature. Reprendre l'initiative là où le temps, la nuit, la mort, la folie, tous les visages de l'informe et de l'informulé, nous menacent. C'est avant tout un défi de poète.

L'expérience des *Chimères* n'a pas d'autre sens. Expérience, oui, puisque Nerval avec ces douze pièces réalise une tentative si aventurée dans son siècle qu'elle risquait de n'être comprise de personne – ce qui effectivement arriva –, de ne pas lui apparaître à lui-même dans son véritable jour, et de ne prendre tout son sens que par référence à des entreprises poétiques ultérieures. Il est difficile d'oublier que Gérard qualifiait ses sonnets de *super-naturalistes* (à la manière allemande) et qu'Apollinaire, lecteur familier de son œuvre, précisait ainsi en 1917 un point de vocabulaire capital pour le XXe siècle : « Tout bien examiné, je crois qu'en effet il vaut mieux adopter surréalisme que surnaturalisme, que j'avais d'abord employé. Surréalisme n'existe pas encore dans les dictionnaires et il sera plus commode à manier que surnaturalisme, déjà utilisé par Messieurs les philosophes. » Or Nerval avait conscience d'avoir affaire à Messieurs les philosophes – il comparait ses poèmes à la métaphysique d'Hegel ou aux *Mémorables* de Swedenborg – et cela l'inquiétait. Il préférait en définitive qu'on lui concédât *le mérite de l'expression.* Ces mots, de la préface des *Filles du feu*, il importe de les respecter et de les prendre au sérieux. Ils montrent en effet que *les Chimères* doivent aussi s'entendre comme une manifestation exemplaire du métier poétique, plutôt que comme une obscure mais géniale vaticination.

Au vrai, la poétique de Nerval n'est pas facile à discerner dans ces textes d'une densité telle que nulle analyse ne semble pouvoir les entamer. S'il fallait risquer un commentaire, nous dirions peut-être que le principe essentiel en est dans l'organisation de thèmes personnels selon une nécessité inscrite dans le dynamisme même des images et des structures verbales. Bien entendu, cela n'est pas clair. Était-ce clair pour

chimères

Erythrea

Colonne de Saphir, d'arabesques brodée,
— Reparais! — Les Ramiers ~~pleurent~~ pleurent, cherchant leur nid
Et, de ton pied d'azur à ton front de granit
Se déroule à longs plis la pourpre de Judée!

Si tu vois Benarès[1] sur son fleuve accoudée
Prends ton arc, et revêts ton corset d'or bruni:
Car ~~voici~~ le Vautour[2], volant sur Patani,[1]
Et de papillons blancs la mer est inondée.

Mahdéwa![3] Fais flotter tes voiles sur les eaux
Livre tes fleurs de pourpre au courant des ruisseaux
La neige du Cathay[4] tombe sur l'Atlantique:

Cependant la Prêtresse[5], au visage vermeil,
Est endormie encor sous l'Arche du Soleil:
— Et rien n'a dérangé le sévère portique.

(1) Ben-Arès — la fille de Mars. (2) Typhon (3) Latna ou Hiéro-solime, la ville sainte. (3) Mahadoé la Zendovère. (4) Thibet (5 Amany.

Gérard? Le mystère de la création poétique est comparable à un phénomène d'aimantation : la limaille des mots se met en ordre autour d'un aimant invisible dont le poète est seul en mesure de régler la puissance.

Dans *les Chimères*, on voit par exemple que les images se distribuent d'abord en fonction de leur tonalité. Il y a celles – les plus frappantes – qui sont porteuses de feu, de soleil et de lumière et que Gérard semble avoir puisées dans son expérience méditerranéenne, en particulier italienne (qui correspond sans aucun doute à la face diurne, lumineuse, de sa vie et de son œuvre) : *le Pausilippe, la mer d'Italie, la treille, le pampre, mille feux brillants, clartés d'Orient, laurier de Virgile, myrte vert, conque dorée, écharpe d'Iris, sycomore, laurier blanc, l'olivier, le myrte ou les saules tremblants, les citrons amers où s'imprimaient tes dents, Sainte napolitaine aux mains pleines de feux*, etc. Ces images captent une certaine lumière, une certaine chaleur, c'est le versant éclairé du monde qui s'y reflète et « s'exprime », dans le poème, soit par la diffusion d'un ton or (les *clartés d'Orient, l'or de ta tresse, la prêtresse au visage vermeil*, version autrement ensoleillée et lumineuse – dans le sonnet *Érythréa* – de *la sybille au visage latin* de *Delfica*), soit par la pression de couleurs sourdes telles que le noir des *raisins noirs mêlés à l'or de (ta) tresse*, le rouge de *mon front est rouge encore du baiser de la Reine*, le violet de *Rose au cœur violet, fleur de sainte Gudule*.

A l'inverse, il y a les images où s'exprime le côté nocturne de l'âme et du destin du poète : *la Tour abolie, le Soleil noir de la Mélancolie, la Grotte où nage la Sirène, les soupirs de la Sainte et les cris de la Fée, les cendres (dont) l'horizon s'est couvert, le pâle hortensia, tous les frimas du monde, le roi des hivers, les eaux du Cocyte, la grotte fatale aux hôtes imprudents, la Mort ou la Morte, le désert des cieux, la Sainte de l'abîme*, etc.

Les unes et les autres ont la même valeur polarisante et tout s'organise dans le poème comme si se mêlaient intimement, en se répartissant et se regroupant pourtant selon une logique dont la source est dans le pouvoir des mots, les thèmes de la consolation et ceux de la désolation. Ce n'est

Manuscrit autographe du sonnet des Chimères : Érythréa.

pas fortuitement que, dans *El Desdichado*, Nerval, à quatre vers d'intervalle, se proclame *Inconsolé* et déclare qu'il a été *consolé :* cette violente antinomie est comme la manifestation visible du sens profond des *Chimères*, qui est la résolution par le langage, par la fusion, le rapprochement et l'interpénétration des images, des contradictions de la destinée humaine.

Naturellement, ce n'est là qu'une des sources du dynamisme interne des poèmes. Il en est une autre, plus difficile à définir, qui réside dans la puissance d'accent ou plutôt d'*impact* de certaines images dont il est impossible de dissocier le sens d'un mouvement verbal qui semble tendre à imprimer une marque, une blessure autant dans la matière même du poème que dans la conscience du lecteur. C'est de là que vient cette fermeté frémissante, cette densité vibrante, cette élégance nerveuse que l'on a intuitivement sentie chaque fois que l'on a parlé de l'exceptionnelle tension poétique de tel ou tel vers. Il suffirait pour le montrer de citer de nouveau

Mon front est rouge encore du baiser de la Reine

mais aussi

Je sais pourquoi là-bas le volcan s'est rouvert
C'est qu'hier tu l'avais touché d'un pied agile

ou

Depuis qu'un duc normand brisa tes dieux d'argile

ou

Le dieu Kneph en tremblant ébranla l'univers

ou

Je retourne les dards contre le dieu vainqueur

ou

Il m'a marqué le front de sa lèvre irritée

et même

Et les citrons amers où s'imprimaient tes dents.

Il y a dans chacune de ces images un mot, un verbe *(toucher, briser, ébranler, marquer, imprimer)* qui exprime un pur mouvement offensif – capable de laisser une cicatrice. Nerval l'a rendu avec une force instinctive et fulgurante qui tout d'un coup le fait naître à lui-même, à cette vraie révolte que tout, dans sa vie, dans son époque, dans son registre littéraire habituel, l'empêchait de manifester. Ces structures sont celles qui révèlent le mieux le secret des *Chimères*. Elles traduisent une *violence* fort peu en harmonie avec ce que l'on sait de Gérard, de son caractère et de ses autres œuvres, mais qui précisément ne s'explique que par la libération radicale qui s'opère en elles et qui est une fois de plus une libération du temps. Le temps des *Chimères* n'est pas le temps de la vie : il a une autre « vitesse », une autre « fréquence », comme il se passe dans les rêves où en l'espace d'un dixième de seconde se déroulent de longs événements pour le dormeur. C'est bien pour cela que Nerval dans ses sonnets n'a plus la même voix ni le même visage que dans la réalité et que dans la plupart de ses autres œuvres, *Aurélia* comprise : nous ne le reconnaissons plus et ses contemporains ne pouvaient le reconnaître. Mais d'autre part cette accélération simultanée du temps et de l'expression est bien la seule chose qui lui permette de trouver dans le monde de la parole des conditions d'existence différentes de celles du monde réel. Plus que jamais l'écriture apparaît comme voie de salut, liée à l'échec terrestre. Et il est bien évident que cela doit être saisi au niveau même des structures, des forces internes, des rythmes profonds, de tout ce qui fait la *nécessité* du poème, plutôt qu'à celui de l'inventaire analytique de son contenu.

L'exégèse des *Chimères* ne saurait être ce qui rend le mieux compte de leur signification. On peut recourir aux tarots et aux sources alchimiques, comme le fit naguère G. Le Breton, on peut multiplier les gloses biographiques, on en arrivera toujours à cette constatation première que la matière des sonnets est un *condensé* de toute la vie, de toute l'expérience, de toutes les lectures et de toutes les réflexions de Nerval. Rien n'en est oublié ni déformé ni retranché et, si tout y tient en si peu de mots, si peu d'images, si peu de vers, c'est précisément que le *tempo* du poème est un vrai *temps* où ces multiples éléments, loin de se disperser, de s'éparpiller, de céder à l'usure de la mémoire, de se diluer dans le souvenir, se regroupent, se resserrent, se redistribuent dans une infrangible cohérence. Les sonnets des *Chimères* sont comme des noyaux formés de particules tourbillonnantes : ils ne doivent leur dureté, leur densité qu'aux rapports de forces qui unissent ces particules, qu'à la tension qui s'établit entre elles. Cela est si vrai que des groupes entiers de mots et d'images se révèlent interchangeables sans que la beauté profonde du poème en soit altérée, comme le montrent les diverses combinaisons par lesquelles Nerval a fait passer certains de ses textes : le sonnet *Myrtho* dont les tercets, dans une autre version, sont remplacés par ceux de *Delfica*, le sonnet *A J-y Colonna* où ce sont, cette fois, les quatrains de *Myrtho* qui disparaissent pour céder la place à ceux de *Delfica*, le sonnet *A Madame Aguado* et le sonnet *Érythréa* où se retrouve avec des variantes le dernier tercet de *Delfica*. Cela devrait suffire à faire sentir que *les Chimères* doivent moins être déchiffrées que saisies dans leur immédiate complexité. Et certes l'explication alchimique n'est ni fausse ni vaine, mais, dans les cas où elle est rigoureusement applicable, elle n'est que la démonstration par un exemple limite de ce qui est vrai aussi dans tous les autres cas : les mots et les images ont valeur d'emblèmes, ils trouvent leur place dans le poème en raison de leur pouvoir d'intégration allégorique.

Aussi est-il aisé de comprendre que *les Chimères* sont la figuration la plus parfaite de tout ce vers quoi tend obscurément l'œuvre entière de Nerval. Ce qui nous préoccupe dans la plupart de ses écrits, c'est d'y découvrir le degré de *concentration* qu'y atteint l'expression de certains thèmes, de certaines obsessions, de certaines réminiscences, de certains souvenirs. Souvent la solution est si diluée que la recherche exige vraiment une analyse chimique précise. Au contraire, dans des textes comme *Aurélia*, la concentration se fait plus forte en raison d'un effort conscient et volontaire de

Nerval pour obtenir une forme de narration parfaitement adéquate à son projet, c'est-à-dire capable de retenir et de fixer l'essentiel d'une expérience (qui est la découverte d'un fonds commun à la vie et au rêve) au détriment de l'anecdotique. Dans *les Chimères,* nous assistons à un dépassement de cette opération dont le processus est poussé jusqu'au point où la concentration recherchée est devenue si riche que toute tentative de dosage ou de repérage des éléments qui entrent dans la composition de l'œuvre s'avère difficile, parce que les parties ne peuvent pas rendre compte du tout, et que rien ne peut plus être *isolé,* c'est-à-dire avoir de sens hors du poème.

Or il est bien certain que tel est en fait le but visé par Nerval et qu'il est impossible d'expliquer qu'il ait pu trouver en lui les ressources nécessaires à un tel dépassement autrement que par la volonté obscure d'atteindre coûte que coûte à un mode d'expression souverainement réconciliateur. Jamais aucune entreprise poétique n'a mieux montré pourquoi et en quoi les sources de la poésie ne peuvent être ailleurs que dans la vie et dans le drame de l'homme. Chaque sonnet des *Chimères* est devenu pour Nerval un lieu, un espace, un champ clos, où sa destinée est exprimée aussi tragiquement peut-être que dans son existence réelle, mais selon l'ordre du langage et non plus selon l'ordre du temps.

Il resterait à voir comment tout cela se reflète aussi dans la matière proprement musicale des *Chimères.* M. Octave Nadal a donné à ce sujet de précieuses indications. Le rythme du vers des *Chimères,* écrit-il, « ne procède plus du projet logique mais d'un besoin organique de modulation. Quelque chose de vraiment neuf – de révolutionnaire – se prononce ici : l'appareil traditionnel se disloque tout entier et dans toute la profondeur de sa structure. Les mots reprenant leur pouvoir de chant, sous leur poussée dominatrice, éclatent les formes rythmiques habituelles. Les coupes, les cadences n'obéissent plus au sens des mots mais à leur intérieur murmure ; les objets de la représentation s'ordonnent selon leur valeur modulante ; le jeu des sons organise la composition ». Rien ne saurait mieux confirmer la signification, la fonction poétique essentielle que nous tentions de reconnaître aux *Chimères.* L'adjectif *organique* qu'emploie en effet Octave Nadal pour définir l'exigence interne qui est à l'origine de la structure rythmique de chaque sonnet montre parfaitement que la forme musicale dont use Nerval, loin d'être « adaptée », « ajustée » à son propos poétique, en est la chair, la substance même, ce qui nous oblige à prendre dans le sens le plus concret l'idée d'un espace-temps (espace verbal, espace sonore) aménagé par le poète. Et c'est bien cela la modulation : une certaine façon de prendre possession par le rythme, le souffle, le mouvement secret de la parole, les invisibles réactions physiques, musculaires qu'elle suppose, de cet espace-temps nouveau. Modulation qui ne se limite pas aux formes un peu molles, dénouées et proches de la romance qui la suggèrent le mieux

La connais-tu, Dafné, cette ancienne romance,
Au pied du sycomore ou sous les lauriers blancs...

mais qui doit être décelée partout, même dans les moments les plus durs, dans les fragments les plus clos du poème, parce que c'est alors dans la vibration même du mot ou de l'image qu'elle réside. On peut le comprendre si l'on réfléchit par exemple sur l'extraordinaire usage que fait Nerval des noms propres – et qui est certainement une des sources les plus précises de la poésie des *Chimères :* des noms tels que *Myrtho, Pausilippe, Kneph, Antée, Caïn, Bélus, Dagon, Dafné,* à des titres divers, enferment en eux une charge de poésie qui se propage par ondes dans le vers où ils sont insérés et par ondes d'autant plus fortes qu'ils sont jetés, lancés de plein fouet dans ce vers par le biais d'une apostrophe, d'une exclamation ou d'une simple répartition des accents. Il ne s'agit pas de ce qu'on a pu appeler en d'autres temps ou à propos d'autres œuvres « poésie pure », mais bien d'une forme de modulation si ramassée, si serrée, si intérieure au mot qu'elle en paraît « immobile ». Et l'utilisation des majuscules ou de l'italique – si caractéristique aussi de la façon dont Nerval comprend le sens de sa poésie – ne vise à rien d'autre qu'à investir certains noms communs du même pouvoir.

La poésie des *Chimères* nous propose, dans un phénomène permanent d'endosmose, de récupérer à l'intérieur d'un langage immobile le mouvement et le « temps » de la vie qui ne sont autrement que fuite, oubli et mort. Gérard de Nerval n'a jamais eu d'autre ambition.

Leopold Flameng

La poésie, écrit Gaëtan Picon, a toujours été pour (le) poète le moyen par lequel l'existence entre en contact avec sa tension profonde et transforme cette tension dans la durée sans jamais la résoudre. » Ces mots s'ajustent exactement à la tentative de Nerval. Ils nous rappellent dans quelles zones profondes de l'être prend naissance l'expérience qui est à l'origine de son œuvre.

Pourtant si Gérard était poète au niveau de l'être, il vivait et écrivait au niveau de l'histoire. Et les limites que lui imposait l'histoire l'empêchaient de prendre conscience de ce qu'il était en dehors d'elles. Ou plutôt ne lui permettaient d'en prendre conscience que dans une intuition confuse. On trouve dans la lettre qu'il adresse de Vienne à son père le 26 novembre 1839 ce passage étonnant de lucidité : *Le travail littéraire se compose de deux choses : cette besogne des journaux qui fait vivre fort bien et qui donne une position fixe à tous ceux qui la suivent assidûment, mais qui ne conduit malheureusement ni plus haut ni plus loin. Puis le travail des livres, du théâtre, l'étude de la poétique, choses lentes, difficiles, qui ont besoin toujours de travaux préliminaires fort longs et*

Nerval, gravure de Léopold Flameng

de certaines époques de recueillement et de travail sans fruit; mais aussi, là est l'avenir, l'agrandissement, la vieillesse heureuse et honorée. Passons sur la vieillesse heureuse et honorée (Gérard ne cherchait qu'à rassurer son père). Mais le reste? Quel témoignage! Nerval voit parfaitement – à une époque où il n'a que trente ans et où le meilleur de son œuvre est à faire – qu'il existe deux *ordres* de littérature. Le premier, si l'on y trouve sa place, ne conduit « ni plus haut ni plus loin », mais assure une « position » : Nerval en son temps a conquis ce genre de position, il l'a accepté, ses contemporains l'ont accepté, nous devons l'accepter encore. Le second, si l'on y accède, conduit à l' « avenir », à l' « agrandissement ». Mais le chemin à parcourir est périlleux, il impose des épreuves, ces « choses difficiles et lentes » au premier rang desquelles il faut mettre « l'étude de la poétique ». Gérard oubliait de préciser qu'en ce qui le concernait cette étude commençait avec la vie et finissait avec la mort.

C'est parce qu'il tirait de lui-même, de son propre destin (de ce « cercle étroit » dans lequel il se sentait tourner) les éléments de son œuvre, qu'il découvrait et instaurait, au-delà de ce qu'il écrivait *hic et nunc*, une littérature « profonde ». Il n'avait pas la possibilité de la définir, mais il avait un génie suffisant pour la susciter, la révéler, lui donner la chance d'apparaître. Il ne pouvait se rendre compte exactement de ce qu'il faisait, faute de repères. Mais il savait qu'il risquait, qu'il *tentait* quelque chose. En libérant dans le cadre d'une œuvre modeste, dont l'essentiel tient en quelques récits et quelques poèmes, des forces aussi incontrôlables que celles de la mémoire, du temps, de la folie, du rêve, dont il confiait la charge à un langage exceptionnel, il engageait la littérature dans des directions neuves et lui donnait des responsabilités à la lettre *imprévisibles*.

Aujourd'hui, il est possible de voir ce qu'ont été ces ouvertures. Sans doute est-il difficile de décrire en quelques lignes la « postérité » de Nerval. Il nous paraît cependant possible de donner quelques indications qui, regroupant des références proposées en différents points de cet ouvrage, permettront de mieux apprécier la qualité des « semences » déposées dans son œuvre et, en dernière analyse, de situer celle-ci dans cette perspective d'enrichissement, de prolongement, de dépassement d'elle-même dont nous disions au début l'importance.

Pour simplifier, on peut dire que deux directions essentielles sont tracées par elle : l'une vers l'exploration du *temps*, l'autre vers la mise en évidence d'un monde de *signes* « recomposant » le monde réel. La première conduit à Proust. Nous l'avons assez indiqué pour qu'il ne soit pas nécessaire de revenir ici sur cette parenté Nerval-Proust, reconnue par l'auteur de *Du côté de chez Swann* lui-même. Rappelons cependant qu'avant Nerval le passé, l'univers de la mémoire n'étaient saisis qu'objectivement, à travers l'exercice volontaire et comme mécanique du souvenir (par exemple chez les « grands » romantiques) : ils n'étaient pas l'objet d'une connaissance immédiate, subjective, inséparable d'un trouble, d'une angoisse de caractère existentiel, fondée sur une plongée dans l'épaisseur du temps (ou si cela arrive, comme chez Rousseau, ce n'est que sous l'effet d'une intuition qui s'arrête à mi-course et dont il nous reste à supposer les développements possibles). Désormais la voie est ouverte à une authentique *recherche du temps perdu* qui non seulement se manifestera dans l'œuvre de Proust et à travers tout un courant de pensée lié au bergsonisme, mais encore interviendra d'une manière toujours plus précise au cours du XXe siècle dans la création littéraire. Toutes les prises de position par rapport à la réalité en fonction d'une certaine « distance intérieure » auxquelles nous ont habitués les lettres contemporaines, l'œuvre de Nerval nous y habitue déjà. Toutes les révisions de la chronologie que nous propose le roman moderne, elle nous les propose déjà.

La deuxième direction est moins facile à définir. Elle est inséparable de la première. Mais au-delà des opérations de la mémoire c'est à une *altération onirique* (toujours créatrice) du monde des apparences qu'elle aboutit. Cette altération peut prendre la forme d'un « enchantement » du souvenir, d'une coloration « magique » des visions de la vie : c'est alors

le Grand Meaulnes qu'il faut citer en référence pour le goût des fêtes de l'enfance qu'on y trouve et dont Alain-Fournier retrouve après Gérard la subtile fascination. Mais ce *merveilleux* peut atteindre à un tout autre degré d'intensité dans la mesure où Nerval conduit son exploration jusqu'aux zones les plus obscures de l'expérience humaine. Son extraordinaire aptitude à rendre perceptible à nos sens le mystère des choses les plus simples, à provoquer à tout moment des courts-circuits du rêve à la réalité, à capter les signes qui alertent, les hasards et les coïncidences qui confondent (qui pétrifient, comme dit Breton) le conduit à faire entrer dans l'aventure

▲ *La Pandora.* Ni homme, ni femme, ni androgygne, ni fille, ni jeune, ni vieille, ni chaste, ni folle, ni pudique, mais tout cela ensemble...

littéraire, donc dans le langage, tout un jeu de *significations* nouvelles. C'est ici aux recherches surréalistes qu'il faut se rapporter : *Nadja* tout entière s'annonce dans *Octavie* ou dans *Aurélia*, comme une langue poétique neuve s'annonce dans *les Chimères*. L'onirisme nervalien qui au départ entretient les liens que l'on sait avec le romantisme allemand, débouche en fait sur les formes les plus originales du fantastique moderne : les contes d'Apollinaire, les récits de Pieyre de Mandiargues, les hallucinations lucides de Michaux, les rêves des *Nuits sans nuit* de Michel Leiris. Ceux, en outre, qui sont sensibles dans l'œuvre de Gérard – par exemple dans des textes comme *les Nuits d'octobre* ou *la Pandora* – à l'expression d'un certain *insolite* objectif, à tel rythme déambulatoire, à tel type d'obsession « matérielle », à telle forme de précision réaliste dans le fantastique, pressentiront invinciblement Kafka.

Il n'est pas jusqu'au cinéma contemporain qui n'ait ses inflexions nervaliennes. Une œuvre comme *les Fraises sauvages* d'Ingmar Bergman donne, parfois de la plus étrange façon, l'impression de reconstituer l'univers du rêve, de la mémoire et de l'angoisse qui est celui de Gérard. Et dans *l'Année dernière à Marienbad* d'Alain Resnais se retrouve l'obscure volonté de Nerval de circonscrire dans un même espace mental et de décrire dans une langue unique les images du réel, du souvenir et de l'imaginaire.

Quand une œuvre a un tel pouvoir d'anticipation, c'est que sa richesse est sans commune mesure avec celle de certains livres dont le charme s'épuise en même temps que les prestiges de leur époque. Elle n'a nullement besoin de bénéficier de l'admiration « historique » que préconisait Sainte-Beuve et dont tant d'ouvrages romantiques ne peuvent se passer pour survivre. Au contraire, elle a trouvé sa chance en se projetant dans l'avenir. Si la condition de Nerval ne peut être comprise qu'à partir d'une analyse de la situation réelle qui a été la sienne en son temps, son œuvre ne prend de sens que dans la mesure où elle dépasse cette condition, en fait éclater les limites et finalement la nie. Sa destinée reste exemplaire de la servitude et du bonheur du métier d'écrivain.

GÉRARD DE NERVAL
LES CHIMÈRES
ET LES
CYDALISES

A PARIS LIBRAIRIE
DV MERCVRE DE
FRANCE, XV, RVE
DE L'ÉCHAVDÉ.
M DCCC XCVII.

Les chimères *et* les Cydalises, *page de titre de l'édition de 1897.*

TEXTES

I. POÉSIE DE NERVAL

Ouvrons ce court choix de textes par les douze sonnets des Chimères *(le titre s'éclaire des premières lignes du dernier chapitre de* Sylvie : Telles sont les chimères qui charment et égarent au matin de la vie*). Nerval disait à leur sujet – après avoir affirmé qu'il les avait composés dans un état de rêverie* super-naturaliste : Ils ne sont guère plus obscurs que la métaphysique d'Hegel ou les Mémorables de Swedenborg, et perdraient de leur charme à être expliqués, si la chose était possible...

La chose est possible, comme le montrent les gloses et commentaires nombreux dont ces poèmes ont fait l'objet (voir en particulier la précieuse édition des Chimères *due à Mme J. Moulin, Giard-Droz, 1949). Nous respecterons pourtant la suggestion de Nerval et les présenterons ici dans leur seule lumière.*

Nous nous bornerons à rappeler leurs dates de publication :

- *1844 pour* le Christ aux oliviers
- *1845 pour* Delfica *et* Vers dorés
- *1853 pour* El Desdichado
- *1854 pour tous les autres.*

LAMAISONDIEU.

LES CHIMÈRES

EL DESDICHADO

Je suis le Ténébreux, — le Veuf, — l'Inconsolé,
Le Prince d'Aquitaine à la Tour abolie :
Ma seule *Étoile* est morte, — et mon luth constellé
Porte le *Soleil noir* de la *Mélancolie.*

Dans la nuit du Tombeau, Toi qui m'as consolé,
Rends-moi le Pausilippe et la mer d'Italie,
La *fleur* qui plaisait tant à mon cœur désolé,
Et la treille où le Pampre à la Rose s'allie.

Suis-je Amour ou Phœbus ?... Lusignan ou Biron ?
Mon front est rouge encor du baiser de la Reine ;
J'ai rêvé dans la Grotte où nage la Sirène...

Et j'ai deux fois vainqueur traversé l'Achéron :
Modulant tour à tour sur la lyre d'Orphée
Les soupirs de la Sainte et les cris de la Fée.

Tarot italien du XVIIe siècle : la Maison-Dieu *ou* Tour Abolie

MYRTHO

JE pense à toi, Myrtho, divine enchanteresse,
Au Pausilippe altier, de mille feux brillant,
A ton front inondé des clartés d'Orient,
Aux raisins noirs mêlés avec l'or de ta tresse.

C'est dans ta coupe aussi que j'avais bu l'ivresse,
Et dans l'éclair furtif de ton œil souriant,
Quand aux pieds d'Iacchus on me voyait priant,
Car la Muse m'a fait l'un des fils de la Grèce.

Je sais pourquoi là-bas le volcan s'est rouvert...
C'est qu'hier tu l'avais touché d'un pied agile,
Et de cendres soudain l'horizon s'est couvert.

Depuis qu'un duc normand brisa tes dieux d'argile,
Toujours, sous les rameaux du laurier de Virgile,
Le pâle hortensia s'unit au myrthe vert!

HORUS

LE dieu Kneph en tremblant ébranlait l'univers :
Isis, la mère, alors se leva sur sa couche,
Fit un geste de haine à son époux farouche,
Et l'ardeur d'autrefois brilla dans ses yeux verts.

« Le voyez-vous, dit-elle, il meurt, ce vieux pervers,
Tous les frimas du monde ont passé par sa bouche,
Attachez son pied tors, éteignez son œil louche,
C'est le dieu des volcans et le roi des hivers !

« L'aigle a déjà passé, l'esprit nouveau m'appelle,
J'ai revêtu pour lui la robe de Cybèle...
C'est l'enfant bien-aimé d'Hermès et d'Osiris ! »

La déesse avait fui sur sa conque dorée,
La mer nous renvoyait son image adorée,
Et les cieux rayonnaient sous l'écharpe d'Iris.

ANTÉROS

Tu demandes pourquoi j'ai tant de rage au cœur
Et sur un col flexible une tête indomptée ;
C'est que je suis issu de la race d'Antée,
Je retourne les dards contre le dieu vainqueur.

Oui, je suis de ceux-là qu'inspire le Vengeur,
Il m'a marqué le front de sa lèvre irritée,
Sous la pâleur d'Abel, hélas! ensanglantée,
J'ai parfois de Caïn l'implacable rougeur!

Jéhovah! le dernier, vaincu par ton génie,
Qui, du fond des enfers, criait : « O tyrannie! »
C'est mon aïeul Bélus ou mon père Dagon...

Ils m'ont plongé trois fois dans les eaux du Cocyte,
Et, protégeant tout seul ma mère Amalécyte,
Je ressème à ses pieds les dents du vieux dragon.

DELFICA

La connais-tu, Dafné, cette ancienne romance,
Au pied du sycomore, ou sous les lauriers blancs,
Sous l'olivier, le myrte ou les saules tremblants,
Cette chanson d'amour qui toujours recommence?...

Reconnais-tu le TEMPLE au péristyle immense,
Et les citrons amers où s'imprimaient tes dents,
Et la grotte fatale aux hôtes imprudents,
Où du dragon vaincu dort l'antique semence?...

Ils reviendront, ces Dieux que tu pleures toujours!
Le temps va ramener l'ordre des anciens jours ;
La terre a tressailli d'un souffle prophétique...

Cependant la sibylle au visage latin
Est endormie encor sous l'arc de Constantin
— Et rien n'a dérangé le sévère portique.

Artémis

La Treizième[1] revient... C'est encor la première;
Et c'est toujours la Seule, — ou c'est le seul moment
Car es-tu Reine ô Toi! la première ou dernière
Es-tu Roi, toi le Seul ou le dernier amant?..

Aimez qui vous aima du berceau dans la bierre;
Celle que j'aimai seul m'aime encor tendrement:
C'est la Mort — ou la Morte... O délice. ô tourment!
La rose qu'elle tient, c'est la Rose trémière.[2]

Sainte napolitaine aux mains pleines de feux
Rose au cœur violet, fleur de Sainte Gudule:
As-tu trouvé ta Croix dans l'abyme des Cieux?

Roses blanches tombez! vous insultez nos Dieux:
Tombez fantômes blancs de votre ciel qui brule:
— La Sainte de l'abyme[3] est plus sainte à mes yeux

[1] La XIIIe heure (pivotale) [2] Philomène. [3] Rosalie.

Sainte Philomène

ARTÉMIS

La Treizième revient... C'est encor la première ;
Et c'est toujours la Seule, — ou c'est le seul moment :
Car es-tu Reine, ô Toi ! la première ou dernière ?
Es-tu Roi, toi le Seul ou le dernier amant ?...

Aimez qui vous aima du berceau dans la bière ;
Celle que j'aimai seul m'aime encor tendrement :
C'est la Mort — ou la Morte... O délice ! O tourment !
La rose qu'elle tient, c'est la *Rose trémière.*

Sainte napolitaine aux mains pleines de feux
Rose au cœur violet, fleur de Sainte Gudule :
As-tu trouvé ta Croix dans le désert des Cieux ?

Roses blanches, tombez ! vous insultez nos Dieux,
Tombez, fantômes blancs, de votre ciel qui brûle :
— La Sainte de l'abyme est plus sainte à mes yeux !

Manuscrit autographe du sonnet des Chimères : Artémis.

LE CHRIST AUX OLIVIERS

Dieu est mort! le ciel est vide...
Pleurez! enfants, vous n'avez plus de père!
JEAN-PAUL

I

QUAND le Seigneur, levant au ciel ses maigres bras
Sous les arbres sacrés, comme font les poètes,
Se fut longtemps perdu dans ses douleurs muettes,
Et se jugea trahi par des amis ingrats ;

Il se tourna vers ceux qui l'attendaient en bas
Rêvant d'être des rois, des sages, des prophètes...
Mais engourdis, perdus dans le sommeil des bêtes,
Et se prit à crier : « Non, Dieu n'existe pas! »

Ils dormaient. « Mes amis, savez-vous *la nouvelle ?*
J'ai touché de mon front à la voûte éternelle ;
Je suis sanglant, brisé, souffrant pour bien des jours!

Frères, je vous trompais : Abîme! abîme! abîme!
Le dieu manque à l'autel où je suis la victime... ?
Dieu n'est pas! Dieu n'est plus! » Mais ils dormaient toujours!...

II

Il reprit : « Tout est mort ! J'ai parcouru les mondes ;
Et j'ai perdu mon vol dans leurs chemins lactés,
Aussi loin que la vie, en ses veines fécondes,
Répand des sables d'or et des flots argentés :

« Partout le sol désert côtoyé par des ondes,
Des tourbillons confus d'océans agités...
Un souffle vague émeut les sphères vagabondes,
Mais nul esprit n'existe en ces immensités.

« En cherchant l'œil de Dieu, je n'ai vu qu'une orbite
Vaste, noire et sans fond, d'où la nuit qui l'habite
Rayonne sur le monde et s'épaissit toujours ;

« Un arc-en-ciel étrange entoure ce puits sombre,
Seuil de l'ancien chaos dont le néant est l'ombre,
Spirale engloutissant les Mondes et les Jours !

III

« Immobile Destin, muette sentinelle,
Froide Nécessité !... Hasard qui, t'avançant
Parmi les mondes morts sous la neige éternelle,
Refroidis, par degrés, l'univers pâlissant,

« Sais-tu ce que tu fais, puissance originelle,
De tes soleils éteints, l'un l'autre se froissant...
Es-tu sûr de transmettre une haleine immortelle,
Entre un monde qui meurt et l'autre renaissant ?...

« O mon père ! est-ce toi que je sens en moi-même ?
As-tu pouvoir de vivre et de vaincre la mort ?
Aurais-tu succombé sous un dernier effort

« De cet ange des nuits que frappa l'anathème ?...
Car je me sens tout seul à pleurer et souffrir,
Hélas ! et, si je meurs, c'est que tout va mourir ! »

IV

Nul n'entendait gémir l'éternelle victime,
Livrant au monde en vain tout son cœur épanché ;
Mais prêt à défaillir et sans force penché,
Il appela le *seul* — éveillé dans Solyme :

« Judas! lui cria-t-il, tu sais ce qu'on m'estime,
Hâte-toi de me vendre, et finis ce marché :
Je suis souffrant, ami! sur la terre couché...
Viens! ô toi qui, du moins, as la force du crime! »

Mais Judas s'en allait, mécontent et pensif,
Se trouvant mal payé, plein d'un remords si vif
Qu'il lisait ses noirceurs sur tous les murs écrites...

Enfin Pilate seul, qui veillait pour César,
Sentant quelque pitié, se tourna par hasard :
« Allez chercher ce fou! » dit-il aux satellites.

V

C'était bien lui, ce fou, cet insensé sublime...
Cet Icare oublié qui remontait les cieux,
Ce Phaéton perdu sous la foudre des dieux,
Ce bel Atys meurtri que Cybèle ranime!

L'augure interrogeait le flanc de la victime,
La terre s'enivrait de ce sang précieux...
L'univers étourdi penchait sur ses essieux,
Et l'Olympe un instant chancela vers l'abîme.

« Réponds ! criait César à Jupiter Ammon,
Quel est ce nouveau dieu qu'on impose à la terre?
Et si ce n'est un dieu, c'est au moins un démon... »

Mais l'oracle invoqué pour jamais dut se taire ;
Un seul pouvait au monde expliquer ce mystère :
— Celui qui donna l'âme aux enfants du limon.

Ce dessin de Victor Hugo participe de la même inspiration que les vers du Christ aux Oliviers, *sonnet II, 1er tercet.*

VERS DORÉS

Eh quoi! tout est sensible!
PYTHAGORE.

HOMME! libre penseur — te crois-tu seul pensant
Dans ce monde, où la vie éclate en toute chose :
Des forces que tu tiens ta liberté dispose,
Mais de tous tes conseils l'univers est absent.

Respecte dans la bête un esprit agissant...
Chaque fleur est une âme à la Nature éclose ;
Un mystère d'amour dans le métal repose :
Tout est sensible ; — Et tout sur ton être est puissant!

Crains dans le mur aveugle, un regard qui t'épie :
A la matière même un verbe est attaché...
Ne la fais pas servir à quelque usage impie.

Souvent dans l'être obscur habite un Dieu caché ;
Et, comme un œil naissant couvert par ses paupières,
Un pur esprit s'accroît sous l'écorce des pierres.

Faute de pouvoir donner les neuf sonnets posthumes connus sous le titre « Autres Chimères » et qui sont souvent des versions différentes des Chimères, *nous proposons au moins un des plus beaux (mais aussi des plus hermétiques) d'entre eux :* Érythréa, *publié pour la première fois dans l'édition J. Corti des* Chimères, *en 1941, d'après un manuscrit appartenant à Paul Eluard.*

ÉRYTHRÉA

Colonne de Saphir, d'arabesques brodée,
— Reparais! — Les *Ramiers* pleurent, cherchant leur nid :
Et, de ton pied d'azur à ton front de granit
Se déroule à longs plis la pourpre de Judée!

Si tu vois *Bénarès* sur son fleuve accoudée
Prends ton arc, et revêts ton corset d'or bruni :
Car voici *le Vautour*, volant sur Patani,
Et de *papillons blancs* la Mer est inondée.

MAHDÉWA! Fais flotter tes voiles sur les eaux
Livre tes fleurs de pourpre au courant des ruisseaux :
La neige du *Cathay* tombe sur l'Atlantique :

Cependant la *Prêtresse*, au visage vermeil,
Est endormie encor sous l'*Arche du Soleil :*
— Et rien n'a dérangé le sévère portique.

Mais Nerval était poète avant les Chimères *et hors des* Chimères. *Dans certaines des* Odelettes rythmiques et lyriques *qu'il rassemble dans* l'Artiste *en 1852, il fait bien autre chose que des gammes : il nous donne à entendre une étrange et subtile musique où il s'exprime déjà tout entier. En particulier dans* Fantaisie *(1832) et dans* les Cydalises *(1852) :*

FANTAISIE

Il est un air pour qui je donnerais
Tout Rossini, tout Mozart et tout Weber,
Un air très vieux, languissant et funèbre,
Qui pour moi seul a des charmes secrets!

Or, chaque fois que je viens à l'entendre,
De deux cents ans mon âme rajeunit...
C'est sous Louis treize ; et je crois voir s'étendre
Un coteau vert, que le couchant jaunit.

Puis un château de brique à coins de pierre,
Aux vitraux teints de rougeâtres couleurs,
Ceint de grands parcs, avec une rivière
Baignant ses pieds, qui coule entre des fleurs ;

Puis une dame, à sa haute fenêtre,
Blonde aux yeux noirs, en ses habits anciens,
Que, dans une autre existence peut-être,
J'ai déjà vue... et dont je me souviens!

Le château de Mortefontaine du côté du jardin. Gravure de Villiers.

LES CYDALISES

Où sont nos amoureuses ?
Elles sont au tombeau :
Elles sont plus heureuses,
Dans un séjour plus beau !

Elles sont près des anges,
Dans le fond du ciel bleu,
Et chantent les louanges
De la mère de Dieu !

O blanche fiancée !
O jeune vierge en fleur !
Amante délaissée,
Que flétrit la douleur !

L'éternité profonde
Souriait dans vos yeux...
Flambeaux éteints du monde,
Rallumez-vous aux cieux !

Lithographie de Gustave Doré. En bas : la dernière strophe du poème.

Il serait injuste de ne pas s'arrêter aussi sur ce qu'on appelle les Poésies diverses. *On y trouve un morceau très révélateur du ton que Nerval était capable d'employer pour parler de lui-même et de sa propre mort. Mais la désinvolture est-elle bien la note dominante de cette « épitaphe » ?*

ÉPITAPHE

Il a vécu tantôt gai comme un sansonnet,
Tour à tour amoureux, insoucieux et tendre,
Tantôt sombre et rêveur comme un triste Clitandre,
Un jour il entendit qu'à sa porte on sonnait.

C'était la Mort! Alors il la pria d'attendre
Qu'il eût posé le point à son dernier sonnet ;
Et puis sans s'émouvoir, il s'en alla s'étendre
Au fond du coffre froid où son corps frissonnait.

Il était paresseux, à ce que dit l'histoire,
Il laissait trop sécher l'encre dans l'écritoire.
Il voulait tout savoir mais il n'a rien connu.

Et quand vint le moment où, las de cette vie,
Un soir d'hiver, enfin l'âme lui fut ravie,
Il s'en alla disant : « Pourquoi suis-je venu ? »

... C'était la mort! Alors il la pria d'attendre.
Eau-forte de Neureuther.

heute roth,
morgen todt.

On trouve aussi dans ces Poésies diverses *des fragments d'une densité surprenante comme cette* Rêverie de Charles VI *qui est peut-être un des sommets de la poésie nervalienne.*

RÊVERIE DE CHARLES VI

Fragment

... On ne sait pas toujours où va porter la hache
Et bien des souverains, maladroits ouvriers,
En laissent retomber le coupant sur leurs pieds!
Que de soins sur un front la main de Dieu rassemble,
Et donne pour racine aux fleurons du bandeau!
Pourquoi mit-il encore ce pénible fardeau
Sur ma tête aux pensers tristes abandonnée
Et souffrante, et déjà de soi-même inclinée?
Moi qui n'aurais aimé, si j'avais pu choisir,
Qu'une existence calme, obscure et sans désir,
Une pauvre maison dans quelque bois perdue,
De mousse, de jasmins et de vigne tendue ;
Des fleurs à cultiver, la barque d'un pêcheur,
Et de la nuit sur l'eau respirer la fraîcheur,
Prier Dieu sur les monts, suivre mes rêveries
Par les bois ombragés et les grandes prairies,
Des collines le soir descendre le penchant,
Le visage baigné des lueurs du couchant ;
Quand un vent parfumé nous apporte en sa plainte
Quelques sons affaiblis d'une ancienne complainte...
Oh! ces feux du couchant, vermeils, capricieux,
Montent, comme un chemin splendide, vers les cieux!
Il semble que Dieu dise à mon âme souffrante :
Quitte le monde impur, la foule indifférente,
Suis d'un pas *assuré* cette route qui luit,
Et viens à moy, mon fils!... et — n'attends pas LA NUIT!!! [1]

1. *(Sur le manuscrit le mot NUIT est surmonté du chiffre 52 et d'une croix potencée)*

Corot : Souvenir de Mortefontaine *(détail).*

II. QUELQUES PORTRAITS (INDIRECTS) DE NERVAL PAR LUI-MÊME

Dans la préface des Filles du feu, *Nerval déclare à Alexandre Dumas :* Il est, vous le savez, certains conteurs qui ne peuvent inventer sans s'identifier aux personnages de leur imagination. *Or c'est précisément dans cette préface qu'il se plaît à confondre son destin avec celui de* l'Illustre Brisacier, *contemporain de Louis XV dont la vie est racontée dans les* Mémoires de l'abbé de Choisy.

Il s'agit d'un fragment de ce « livre infaisable » que Gérard eût aimé donner pour suite au Roman comique *de Scarron et où il semble s'adresser directement – par la bouche de son héros – à sa propre « Étoile ».*

Me voici encore dans ma prison, Madame ; toujours imprudent, toujours coupable à ce qu'il semble, et toujours confiant, hélas! dans cette belle *étoile* de comédie, qui a bien voulu m'appeler un instant son destin. L'Étoile et le Destin : quel couple aimable dans le roman du poète Scarron! mais qu'il est difficile de jouer convenablement ces deux rôles aujourd'hui. La lourde charrette qui nous cahotait jadis sur l'inégal pavé du Mans, a été remplacée par des carrosses, par des chaises de poste et autres inventions nouvelles. Où sont les aventures, désormais? où est la charmante misère qui nous faisait vos égaux et vos camarades, mesdames les comédiennes, nous les pauvres poètes toujours et les poètes pauvres bien souvent? Vous nous avez trahis, reniés! et vous vous plaigniez de notre orgueil! Vous avez commencé par suivre de riches seigneurs, chamarrés, galants et hardis, et vous nous avez abandonnés dans quelque misérable auberge pour payer la dépense de vos folles orgies. Ainsi, moi, le brillant comédien naguère, le prince ignoré, l'amant mystérieux, le déshérité, le banni de liesse, le beau ténébreux, adoré des marquises comme des présidentes, moi, le favori bien indigne de madame Bouvillon, je n'ai pas été mieux traité que ce pauvre Ragotin, un poétereau de province, un robin!... Ma bonne mine, défigurée d'un vaste emplâtre, n'a servi même qu'à me perdre plus sûrement.

L'hôte, séduit par les discours de La Rancune, a bien voulu se contenter de tenir en gage le propre fils du grand khan de Crimée envoyé ici pour faire ses études, et avantageusement connu dans toute l'Europe chrétienne sous le pseudonyme de Brisacier. Encore si ce misérable, si cet intrigant suranné m'eût laissé quelques vieux louis, quelques carolus, ou même une pauvre montre entourée de faux brillants, j'eusse pu sans doute imposer le respect à mes accusateurs et éviter la triste péripétie d'une aussi sotte combinaison. Bien mieux, vous ne m'aviez laissé pour tout costume qu'une méchante souquenille puce, un justaucorps rayé de noir et de bleu, et des chausses d'une conservation équivoque. Si bien, qu'en soulevant ma valise après votre départ, l'aubergiste inquiet a soupçonné une partie de la triste vérité, et m'est venu dire tout net que j'étais *un prince de contrebande.*

C'est par contrebande *encore que Nerval se retrouve en beaucoup d'autres personnages. Notamment en Restif de La Bretonne. Monsieur Nicolas aimait lui aussi une actrice, M*[lle] *Guéant, qu'il admirait « sous le faux jour du lustre et de la lampe » et il se souvenait d'une jeune fille rencontrée jadis au village de son enfance, en se disant : « C'était là le bonheur peut-être!... Mais qu'a pu devenir Jeannette Rousseau? Qui a-t-elle épousé? Est-elle encore vivante? ». Gérard, revoyant Sylvie, songeait :* Là était le bonheur peut-être... *Aussi ne peut-on s'étonner du portrait qu'il nous donne de Restif dans ses* Illuminés. *Il voit en lui un esprit convaincu de l'étroitesse des liens qui s'établissent en littérature entre l'expérience de l'homme et celle de l'écrivain.*

Nous avons jusqu'ici séparé, pour ainsi dire, dans Restif, l'écrivain de l'homme. Il nous reste à montrer cette étrange nature sous un dernier aspect, à raconter cette vie littéraire qui, dans ses écarts et ses bizarreries, reflète le cynisme du XVIIIe siècle et présage les excentricités du XIXe. Ce qu'on connaît de l'homme nous aidera, d'ailleurs, à mieux apprécier le procédé du conteur. On s'assurera sans peine que tous les romans que Restif a écrits ne sont, avec quelques modifications et les noms changés, que des versions diverses des aventures de sa vie. A l'en croire, toutes ces héroïnes auraient été ses maîtresses ; le nombre même en est tel, qu'il en a composé un calendrier, et que les trois cent soixante-cinq notices consacrées aux principales remplissent tout un volume. Quelle faculté d'attraction avait donc cet homme, qui s'est représenté lui-même comme la nature la plus fortement *électrisée* de son siècle!

....

Avec une franchise que n'ont pas tous les écrivains, il avoue qu'il n'a jamais pu rien imaginer, que ses romans n'ont jamais été, selon lui, que la mise en œuvre d'événements qui lui étaient arrivés personnellement, ou qu'il avait entendu raconter ; c'est ce qu'il appelait la *base* de son récit. Lorsqu'il manquait de sujets, ou qu'il se trouvait embarrassé pour quelque épisode, il se créait à lui-même une aventure romanesque, dont les diverses péripéties, amenées par les circonstances, lui fournissaient ensuite des ressorts plus ou moins heureux. On ne peut pousser plus loin le *réalisme* littéraire.

(*Les Confidences de Nicolas*, dernière partie, chap. I.)

Il arrive aussi que Nerval parle de sa folie. Albert Béguin a dit que son drame était de l'avoir vue « en face ». Il est surprenant qu'il ait pu la décrire avant même d'en avoir subi les premières atteintes. On en jugera par cet extrait du Prince des sots, *roman écrit sans doute entre 1831 et 1836, dont M. Jean Richer a publié le manuscrit en 1960 (jusque-là l'ouvrage n'était connu que dans une version très infidèle de Louis Ulbach). C'est encore de Charles VI qu'il s'agit ici. Son destin avait particulièrement frappé Gérard – comme le montrent la force, la précision avec lesquelles il peint un délire où l'on croit entendre déjà résonner l'écho de ses propres désordres mentaux.*

CHARLES VI fit un bond que le Prince des Sots, le plus fort acrobate du XVe siècle, n'eût pas désavoué. Il riait, chantait, dansait sans ordre ni mesure. Il lui prit fantaisie de briser les objets qui se trouvaient sous sa main, et sa force musculaire s'était tellement accrue que le duc de Nevers, l'un des chevaliers les plus musculaires de l'époque, aidé de Louis d'Orléans qui ne l'était pas mal non plus, de Savoisy et du Maréchal de France Boucicaut, pleurant comme une femme à la vue de son Roi, de son ami d'enfance si bas tombé, tous les quatre ils avaient peine à maîtriser un individu alité aussi frêle que le Roi, devenu tout à coup fort et indomptable... Au bout d'un quart d'heure Charles s'affaissa sur lui-même inondé de sueur. Vingt minutes après, il se releva pour courir avec une grande rapidité dans tous les coins de la chambre. Sa physionomie était rouge. Il vomit du sang par la bouche. Il en avait les yeux injectés. Sur son lit où on l'avait ramené de force sa sensibilité tactile était abolie ; il frappait ses mains avec violence l'une contre l'autre, sa couche solidement établie comme tous les lits grossièrement travaillés d'alors, craquait sous ses efforts surhumains. Un instant après il resta sans mouvement, s'assoupit et dormit vingt-quatre heures pleines, sous la garde de quatre vigoureux gens d'armes et des deux astrologues médecins qui ne le quittèrent pas.

Au réveil, la démence n'avait pas disparu, mais elle était douce et pacifique...

(*Le Prince des sots*, I, 7 ; Charles VI, en démence.)

Le thème de la folie se retrouve ailleurs dans l'œuvre de Nerval. En particulier dans la célèbre Histoire du calife Hakem *incluse dans le* Voyage en Orient. *Le calife Hakem, après avoir un soir sur les bords du Nil mangé du hachisch en compagnie du jeune Yousouf et échangé avec lui des confidences, est revenu au Caire – accablé par la disette –, a regagné son palais et s'est proposé pour époux sur le ton le plus autoritaire à sa sœur Sétalmuc (Yousouf lui avait révélé qu'il aimait sa propre sœur). Sétalmuc affolée fait part de cette étrange visite au grand vizir Argivan. Celui-ci, à la suite d'un conseil qui s'est tenu au « divan », décide de faire arrêter Hakem et de l'enfermer comme fou. Le voici à la prison du Moristan.*

Non seulement Nerval s'est peint à travers Hakem, mais il s'est souvenu avec précision dans ce passage de certains épisodes de son séjour chez le Dr Blanche, à Montmartre, en 1841.

LE Moristan, qui aujourd'hui est attenant à la mosquée de Kalaoum, était alors une vaste prison dont une partie seulement était consacrée aux fous furieux. Le respect des Orientaux pour les fous ne va pas jusqu'à laisser en liberté ceux qui pourraient être nuisibles. Hakem, en s'éveillant le lendemain dans une obscure cellule, comprit bien vite qu'il n'avait rien à gagner à se mettre en fureur ni à se dire le calife sous des vêtements de fellah. D'ailleurs, il y avait déjà cinq califes dans l'établissement et un certain nombre de dieux. Ce dernier titre n'était donc pas plus avantageux à prendre que l'autre. Hakem était trop convaincu, du reste, par mille efforts faits dans la nuit pour briser sa chaîne, que sa divinité, emprisonnée dans un faible corps, le laissait, comme la plupart des Bouddhas de l'Inde et autres incarnations de l'Être suprême, abandonné à toute la malice humaine et aux lois matérielles de la force. Il se souvint même que la situation où il s'était mis ne lui était pas nouvelle. « Tâchons surtout, dit-il, d'éviter la flagellation. » Cela n'était pas facile, car c'était le moyen employé généralement alors contre l'incontinence de l'imagination. Quand arriva la visite du *kekim* (médecin), celui-ci était accompagné d'un autre docteur qui paraissait étranger. La prudence de Hakem était telle, qu'il ne marqua aucune surprise de cette visite, et se borna à répondre qu'une débauche de hachich avait été chez lui la cause d'un égarement passager, que maintenant il se sentait comme à l'ordinaire. Le médecin consultait son compagnon et lui parlait avec une grande déférence. Ce dernier secoua la tête et dit que souvent les insensés

Hacine. *Dessin original de Gérard de Nerval.*

Le dessin original de Gérard de Nerval.

avaient des moments lucides et se faisaient mettre en liberté avec d'adroites suppositions. Cependant il ne voyait pas de difficulté à ce qu'on donnât à celui-ci la liberté de se promener dans les cours.

Mais Hakem a réussi à soulever ses compagnons de captivité et Argivan est renversé. Le calife revient dans ses appartements. Là il a la surprise de rencontrer auprès de Sétalmuc un homme somptueusement paré en qui il se reconnaît et qu'il prend pour son double, son ferouer *(terme qui, en fait, dans l'ancienne religion des Perses désignait le « premier modèle », l'archétype d'un être). Plus tard il croira retrouver en cet homme Yousouf. Le thème du* double *a toujours obsédé Nerval et il est aisé de voir combien il est lié aux aspects les plus secrets, et parfois les plus obscurs, de sa « mythologie » personnelle.*

Il vit alors au fond de la salle, assis sur le divan à côté de Sétalmuc, un homme ruisselant de pierreries, constellé de diamants qui étincelaient au milieu d'un fourmillement de bluettes et de rayons prismatiques. On eût dit que, pour revêtir ce nouveau calife, les trésors d'Haroun-al-Raschid avaient été épuisés.

On conçoit la stupeur de Hakem à ce spectacle inouï : il chercha son poignard à sa ceinture pour s'élancer sur cet usurpateur ; mais une force irrésistible le paralysait. Cette vision lui semblait un avertissement céleste, et son trouble augmenta encore lorsqu'il reconnut ou crut reconnaître ses propres traits dans ceux de l'homme assis près de sa sœur. Il crut que c'était son *ferouer* ou son double, et, pour les Orientaux, voir son propre spectre est un signe du plus mauvais augure. L'ombre force le corps à la suivre dans le délai d'un jour.

(*Voyage en Orient, Histoire du calife Hakem*, IV et VI.)

Ruines de la mosquée du Sultan Hakem, au Caire, *par P. Marilhat, (détail).*

Le texte où Nerval parle de lui-même de la manière la plus lucide, la plus amère et la plus émouvante à la fois, est peut-être cette lettre qu'il adresse à Jules Janin le 24 août 1841, lui demandant de l'insérer dans le Journal des Débats. *Elle a été publiée pour la première fois par Mme B. Dussane dans* le Figaro littéraire *du* 22 *mars* 1958. *Janin avait parlé dans un de ses récents feuilletons dramatiques de certains écrivains* enfermés *dans la maison du Dr Blanche :*

Mon cher Janin,

Les personnes qui habitent avec moi la maison du docteur Blanche ont lu avec étonnement le passage de votre dernier feuilleton où, parlant d'une lecture faite chez Mlle George en 1830, vous indiquiez la destinée singulière de plusieurs poètes, artistes ou gens d'État futurs qui fréquentaient alors la maison de l'illustre tragédienne. Les uns sont aujourd'hui, dites-vous, préfets, académiciens, ambassadeurs, prêtres même, d'autres ont préféré se faire héros ou martyrs, « deux encore, parmi les plus heureux de cette bande poétique, sont *enfermés* dans la maison du docteur Blanche ! ». *Enfermés*, le mot y est bien, et l'intention du passage ne peut s'appliquer qu'à moi et à M. Antony Deschamps. Il fut un temps où l'on enfermait les écrivains aux *petites maisons*, mais assurément le terme serait inapplicable à la maison de santé de Montmartre qui est une sorte de villa fashionable et même aristocratique, remplie de dames charmantes et de personnes de la haute société.

Vous nous avez grandement compromis aux yeux de nos amis de Paris et de l'étranger. Antony vous excuse bien volontiers, mais que dirais-je, moi qui vous dois encore de la reconnaissance et qui ne puis oublier que je vous en ai dû toujours. En février dernier, à la suite d'un voyage dans le Nord, je fus frappé d'un mal subit et le bruit courut que j'étais mort d'apoplexie. Plusieurs journaux répandirent cette nouvelle, grâce à la singularité de l'attaque qui avait eu lieu dans une rue, au milieu de la nuit ; vous voulûtes bien me consacrer alors un article biographique de douze colonnes où j'étais placé si haut et tellement recommandé à l'admiration de l'Europe qu'il fallait me cacher ensuite ou mourir de honte de n'être pas mort, et d'avoir à affronter ensuite tant de gloire non méritée.

Toutefois, me retrouvant sur pied après dix jours du traitement qu'on applique aux simples crises nerveuses, je crus devoir me montrer dans Paris et rassurer mes nombreux amis littéraires ;

mais presque tous avaient suivi votre exemple, et l'on s'était accordé à faire de moi une sorte de prophète, d'illuminé, dont la raison s'était perdue en Allemagne, dans les épreuves des sociétés secrètes et dans l'étude des symboles de l'Orient. Il est arrivé de là que le ministre a cru devoir me placer, en qualité de littérateur convalescent et digne d'attention, dans l'aimable maison où vous me dites *enfermé* et où je puis du moins savoir que vous pensez souvent à moi.

Il y a trois mois encore, mon cher Janin, que vous avez bien voulu célébrer le bonheur et les *loisirs* que je dois à l'État en m'envoyant par-dessus les moulins de Montmartre votre *bonnet de coton* qui devait, disiez-vous, m'aider à conserver l'heureuse innocence où je vis. Depuis ce temps, ceux de mes amis qui ne croient pas à ma mort, et il en est qui s'obstinent à ne point me reconnaître, continuent à pleurer ma raison perdue, et m'abordent avec des airs de condoléance : « Quel dommage! dit-on autour de moi : un jeune homme de tant de style et d'avenir! Une si belle intelligence anéantie sans retour! Et il n'a presque rien laissé... Quel malheur! ». Et c'est en vain que je parle, que je raisonne, que j'écris même ; les gens m'écoutent, me rassurent et me consolent : « Quel dommage! répète-t-on encore, la France a perdu un génie qui l'aurait honorée... Ses amis seuls l'ont bien connu! » De sorte, mon cher Janin, que je suis le tombeau vivant du Gérard de Nerval que vous avez aimé, produit et encouragé si longtemps. Puisse ma réclamation vous parvenir! Puissiez-vous regretter de n'avoir instruit le monde de ma gloire que pour lui apprendre qu'elle s'est éteinte avant même d'avoir brillé. Si je puis rentrer dans la société en qualité d'homme très ordinaire et de bourgeois paisible, j'aurai du moins conquis des amis littéraires qui m'aideront à me consoler de la perte que j'ai faite, et que je n'espère plus réparer! Notre confrère Planche se fait dominicain et moi je tâcherai de me faire raisonnable : c'est dire que j'espère pouvoir renoncer au triste métier d'écrivain.

Votre bien affectionné

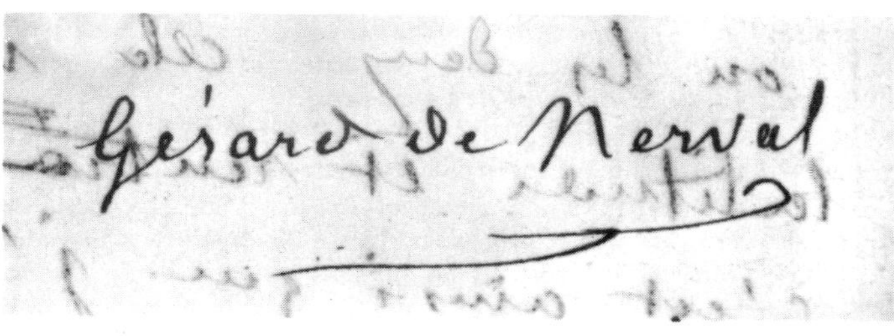

III. UN UNIVERS « RECOMPOSÉ »

Si nous abordons maintenant la partie la plus significative de l'œuvre de Nerval, nous nous apercevons que c'est encore en parlant de lui-même et pour lui-même qu'il a touché aux plus grands sujets. C'est à Sylvie *qu'il faut ici revenir. En essayant d'y « lire » ce mécanisme secret de la mémoire qui nous dérobe parfaitement celui des montres et des horloges, mais que la claire, la lucide conscience du poète doit régler avec précision si elle ne veut pas se laisser submerger par l'angoisse, la nuit qui monte de ce réseau de coïncidences, de ressemblances, de relations obscures dont est tissé le* temps. *C'est sans doute le monde « idyllique » du Valois et de l'enfance qui nous est présenté dans ces pages. Mais c'est un Nerval authentiquement « proustien » qui écrit :* Recomposons les souvenirs du temps où j'y venais si souvent.

Le chapitre I du récit montrait une actrice. Le chapitre II l'image lointaine d'Adrienne. Le chapitre III tente de jeter un pont entre les deux visions.

TOUT m'était expliqué par ce souvenir à demi rêvé. Cet amour vague et sans espoir, conçu pour une femme de théâtre, qui tous les soirs me prenait à l'heure du spectacle, pour ne me quitter qu'à l'heure du sommeil, avait son germe dans le souvenir d'Adrienne, fleur de la nuit éclose à la pâle clarté de la lune, fantôme rose et blond glissant sur l'herbe verte à demi baignée de blanches vapeurs. – La ressemblance d'une figure oubliée depuis des années se dessinait désormais avec une netteté singulière ; c'était un crayon estompé par le temps, qui se faisait peinture, comme ces vieux croquis de maître admirés dans un musée, dont on retrouve ailleurs l'original éblouissant.

Aimer une religieuse sous la forme d'une actrice!... et si c'était la même! – Il y a de quoi devenir fou! C'est un entraînement fatal où l'inconnu vous attire comme le feu follet fuyant sur les joncs d'une eau morte... Reprenons pied sur le réel.

Et Sylvie, que j'aimais tant, pourquoi l'ai-je oubliée depuis trois ans?... C'était une bien jolie fille, et la plus belle de Loisy.

Elle existe, elle, bonne et pure de cœur sans doute. Je revois sa fenêtre où le pampre s'enlace au rosier, la cage de fauvettes suspendue à gauche ; j'entends le bruit de ses fuseaux sonores et sa chanson favorite :

Corot : Un ruisseau *(détail).*

La belle était assise
Près du ruisseau coulant...

Elle m'attend encore... Qui l'aurait épousée? Elle est si pauvre!

Dans son village et dans ceux qui l'entourent, de bons paysans en blouse, aux mains rudes, à la face amaigrie, au teint hâlé! Elle m'aimait seul, moi, le petit Parisien, quand j'allais voir près de Loisy mon pauvre oncle, mort aujourd'hui. Depuis trois ans, je dissipe en seigneur le bien modeste qu'il m'a laissé et qui pouvait suffire à ma vie. Avec Sylvie, je l'aurais conservé. Le hasard m'en rend une partie. Il est temps encore.

A cette heure, que fait-elle? Elle dort... Non, elle ne dort pas; c'est aujourd'hui la fête de l'arc, la seule de l'année où l'on danse toute la nuit. – Elle est à la fête...

Quelle heure est-il?

Je n'avais pas de montre.

Au milieu de toutes les splendeurs de bric-à-brac qu'il était d'usage de réunir à cette époque pour restaurer dans sa couleur locale un appartement d'autrefois, brillait d'un éclat rafraîchi une de ces pendules d'écaille de la Renaissance, dont le dôme doré surmonté de la figure du Temps est supporté par des cariatides du style Médicis, reposant à leur tour sur des chevaux à demi cabrés. La Diane historique, accoudée sur son cerf, est en bas-relief sous le cadran, où s'étalent, sur un fond niellé, les chiffres émaillés des heures. Le mouvement, excellent sans doute, n'avait pas été remonté depuis deux siècles. – Ce n'était pas pour savoir l'heure que j'avais acheté cette pendule en Touraine.

Je descendis chez le concierge. Son coucou marquait une heure du matin. « En quatre heures, me dis-je, je puis arriver au bal de Loisy. »

Il y avait encore sur la place du Palais-Royal cinq ou six fiacres stationnant pour les habitués des cercles et des maisons de jeu. « A Loisy! dis-je au plus apparent. – Où cela est-il? – Près de Senlis, à huit lieues. – Je vais vous conduire à la poste », dit le cocher, moins préoccupé que moi.

Quelle triste route, la nuit, que cette route de Flandre, qui ne devient belle qu'en atteignant la zone des forêts! Toujours ces deux files d'arbres monotones qui grimacent des formes vagues : au-delà, des carrés de verdure et de terres remuées, bornés à gauche par les collines bleuâtres de Montmorency, d'Écouen, de Luzarches. Voici Gonesse, le bourg vulgaire plein des souvenirs de la Ligue et de la Fronde...

Les allées qui entourent Senlis et qui remplacent les antiques fortifications romaines... n'offrent plus aux regards que des feuilles rouillées d'ormes et de tilleuls. *Palais des Anciens Rois, à Senlis.*

Plus loin que Louvres est un chemin bordé de pommiers dont j'ai vu bien des fois les fleurs éclater dans la nuit, comme des étoiles de la terre : c'était le plus court pour gagner les hameaux. – Pendant que la voiture monte les côtes, recomposons les souvenirs du temps où j'y venais si souvent.

Ste. Rosalie

Le jeu des ressemblances: des illusions n'est peut-être nulle part aussi subtil – et aussi fort – que dans l'évocation de la « nuit napolitaine » qui fait le cœur de la nouvelle Octavie. *Une fois de plus, Gérard croit retrouver les traits de celle qu'il aime dans le visage d'une inconnue. Mais cette « très bonne créature », cette brodeuse de Naples est si étrange, avec ses allures de sorcière ou de bohémienne, ses ornements bizarres, le* bambino *qu'elle porte dans les bras, les syllabes sonores qui roulent dans sa voix, et le bric-à-brac de sa chambre a quelque chose de si « mystique » que le monde du souvenir et du rêve verse dans celui du merveilleux, celui du fantastique objectif. C'est peut-être dans* Octavie *que l'on sent le mieux la minceur de la frontière qui pour Nerval sépare l'exploration des domaines du temps de celle des hasards magiques, l'expérience proustienne de l'expérience surréaliste. Et le texte en a comme une irradiante beauté. Gérard prend la précaution de suggérer que ces images sont peut-être nées dans son esprit de l'effet des « vins brûlés du Vésuve ». Mais n'est-ce pas précisément en dire toute la force capiteuse, tout le feu intérieur ?*

MAIS où donc cette image s'est-elle déjà offerte à moi ? Ah! je vous l'ai dit, c'était à Naples, il y a trois ans. J'avais fait rencontre dans la nuit, près de la Villa-Reale, d'une jeune femme qui vous ressemblait, une très bonne créature dont l'état était de faire des broderies d'or pour les ornements d'église ; elle semblait égarée d'esprit ; je la reconduisis chez elle, bien qu'elle me parlât d'un amant qu'elle avait dans les gardes suisses, et qu'elle tremblait de voir arriver. Pourtant, elle ne fit pas de difficulté de m'avouer que je lui plaisais davantage... Que vous dirai-je ? Il me prit fantaisie de m'étourdir pour tout un soir, et de m'imaginer que cette femme, dont je comprenais à peine le langage, était vous-même, descendue à moi par enchantement. Pourquoi vous tairais-je toute cette aventure et la bizarre illusion que mon âme accepta sans peine, surtout après quelques verres de lacryma-christi mousseux qui me furent versés au souper ? La chambre où j'étais entré avait quelque chose de mystique par le hasard ou par le choix singulier des objets qu'elle renfermait. Une madone noire couverte d'oripeaux, et dont mon hôtesse était chargée de rajeunir l'antique parure, figurait sur une commode près d'un lit aux rideaux de serge verte ; une figure de sainte Rosalie, couronnée de roses violettes, semblait plus loin protéger le berceau d'un enfant endormi ; les murs, blanchis à la chaux, étaient décorés de vieux tableaux des quatre éléments représentant des divinités mythologiques. Ajoutez à cela un beau désordre d'étoffes brillantes, de fleurs artificielles, de vases étrusques ; des miroirs entourés de clinquant qui reflétaient vivement la lueur de l'unique lampe de cuivre, et, sur une table, un Traité de la divination et des songes, qui me fit penser que ma compagne était un peu sorcière, ou bohémienne pour le moins.

Une bonne vieille aux grands traits solennels allait, venait, nous servant ; je crois que ce devait être sa mère ! Et moi, tout pensif, je ne cessais de regarder sans dire un mot celle qui me rappelait si exactement votre souvenir.

Cette femme me répétait à tout moment : « Vous êtes triste ? » Et je lui dis : « Ne parlez pas, je puis à peine vous comprendre ; l'italien me fatigue à écouter et à prononcer. – Oh ! dit-elle, je sais encore parler autrement. » Et elle parla tout à coup dans une langue que je n'avais pas encore entendue. C'était des syllabes sonores, gutturales, des gazouillements pleins de charme, une langue primitive sans doute ; de l'hébreu, du syriaque, je ne sais. Elle sourit de mon étonnement et s'en alla à sa commode, d'où elle tira des ornements de fausses pierres, colliers, bracelets, couronne ; s'étant parée ainsi, elle revint à table, puis resta sérieuse fort longtemps. La vieille, en rentrant, poussa de grands éclats de rire et me dit, je crois, que c'était ainsi qu'on la voyait aux fêtes. En ce moment, l'enfant se réveilla et se prit à crier. Les deux femmes coururent à son berceau, et bientôt la jeune revint près de moi tenant fièrement dans ses bras le *bambino* soudainement apaisé.

Elle lui parlait dans cette langue que j'avais admirée, elle l'occupait avec des agaceries pleines de grâce ; et moi, peu accoutumé à l'effet des vins brûlés du Vésuve, je sentais tourner les objets devant mes yeux : cette femme, aux manières étranges, royalement parée, fière et capricieuse, m'apparaissait comme une de ces magiciennes de Thessalie à qui l'on donnait son âme pour un rêve. Oh ! pourquoi n'ai-je pas craint de vous faire ce récit ? C'est que vous savez bien que ce n'était aussi qu'un rêve, où seule vous avez régné !

*Quelques extraits d'*Aurélia *en conclusion. Comme* les Chimères, *ils se passeraient bien de commentaire. Nous nous bornerons à les situer.*

Commençons par cette marche à l'étoile *qui, de l'aveu de Gérard, marque pour lui le commencement de ce qu'il a appelé* l'épanchement du songe dans la vie réelle. *Il nous semble qu'elle donne bien le ton d'*Aurélia *parce qu'on y voit d'emblée le poète porté par ces mouvements intérieurs qui d'un bout à l'autre du récit paraissent dilater, agrandir, exalter son être jusqu'à l'entraîner dans un tourbillon de cercles, d'orbes, de visions cosmiques constellées des thèmes et des visages de sa mythologie familière ; mais aussi parce que tout cela se passe dans la rue de Paris, à une date aisément repérable (celle de la première crise de 1841), et donne un assez bon exemple de ce que Giraudoux définissait comme une* « *apocalypse où passent de braves sergents de ville* ».

Ici a commencé pour moi ce que j'appellerai l'épanchement du songe dans la vie réelle. A dater de ce moment, tout prenait parfois un aspect double, – et cela, sans que le raisonnement manquât jamais de logique, sans que la mémoire perdît les plus légers détails de ce qui m'arrivait. Seulement mes actions, insensées en apparence, étaient soumises à ce que l'on appelle illusion, selon la raison humaine...

Cette idée m'est revenue bien des fois, que, dans certains moments graves de la vie, tel Esprit du monde extérieur s'incarnait tout à coup en la forme d'une personne ordinaire, et agissait ou tentait d'agir sur nous, sans que cette personne en eût la connaissance ou en gardât le souvenir.

Mon ami m'avait quitté, voyant ses efforts inutiles, et me croyant sans doute en proie à quelque idée fixe que la marche calmerait. Me trouvant seul, je me levai avec effort et me remis en route dans la direction de l'étoile sur laquelle je ne cessais de fixer les yeux. Je chantais en marchant un hymne mystérieux dont je croyais me souvenir comme l'ayant entendu dans quelque autre existence, et qui me remplissait d'une joie ineffable. En même temps, je quittais mes habits terrestres et je les dispersais autour de moi. La route semblait s'élever toujours et l'étoile s'agrandir. Puis, je restai les bras étendus, attendant le moment où l'âme allait se séparer du corps, attirée magnétiquement dans le rayon de l'étoile. Alors je sentis un frisson; le regret de la terre et de ceux que j'y aimais me saisit au cœur, et je suppliai si ardemment en moi-même l'Esprit qui m'attirait à lui, qu'il me sembla que je redescendais parmi les hommes.

Une ronde de nuit m'entourait ; – j'avais alors l'idée que j'étais devenu très grand, – et que, tout inondé de forces électriques, j'allais renverser tout ce qui m'approchait. Il y avait quelque chose de comique dans le soin que je prenais de ménager les forces et la vie des soldats qui m'avaient recueilli.

Si je ne pensais que la mission d'un écrivain est d'analyser sincèrement ce qu'il éprouve dans les graves circonstances de la vie, et si je ne me proposais un but que je crois utile, je m'arrêterais ici, et je n'essaierais pas de décrire ce que j'éprouvai ensuite dans une série de visions insensées peut-être, ou vulgairement maladives... Étendu sur un lit de camp, je crus voir le ciel se dévoiler et s'ouvrir en mille aspects de magnificences inouïes. Le destin de l'âme délivrée semblait se révéler à moi comme pour me donner le regret d'avoir voulu reprendre pied de toutes les forces de mon esprit sur la terre que j'allais quitter... D'immenses cercles se traçaient dans l'infini, comme les orbes que forme l'eau troublée par la chute d'un corps ; chaque région, peuplée de figures radieuses, se colorait, se mouvait et se fondait tour à tour, et une divinité, toujours la même, rejetait en souriant les masques furtifs de ses diverses incarnations, et se réfugiait enfin, insaisissable, dans les mystiques splendeurs du ciel d'Asie.

*Un autre extrait : de la deuxième partie d'*Aurélia. *Toujours Paris, ses rues, ses monuments, ses sites : la place de la Concorde, la rue Saint-Honoré, les Tuileries, le Louvre, le Palais-Royal. Mais plus rien n'est vraiment en place, cet univers tournoie déboussolé. Il y a un soleil noir dans le ciel désert et un globe rouge de sang au-dessus des édifices. La terre est* comme un vaisseau démâté *dans le firmament : Gérard le dit fort bien. Mais l'étrange, justement, est qu'il le dise si bien, avec tant de calme, tant de simplicité, tant de retenue même dans la description. Le ton est mesuré, objectif, la langue juste et précise. Nerval en est arrivé à ce point de son art où il utilise la même encre et la même plume pour peindre le quotidien et l'apocalyptique, la vie ordinaire et les tohu-bohu triomphants du rêve, de la folie, de la nuit ou de l'espérance radieuse. On jugera que cela ne va pas sans une exceptionnelle maîtrise.*

Place de la Concorde. Eau-forte de Méryon

Arrivé sur la place de la Concorde, ma pensée était de me détruire. A plusieurs reprises, je me dirigeai vers la Seine; mais quelque chose m'empêchait d'accomplir mon dessein. Les étoiles brillaient dans le firmament. Tout à coup il me sembla qu'elles venaient de s'éteindre à la fois, comme les bougies que j'avais vues à l'église. Je crus que les temps étaient accomplis, et que nous touchions à la fin du monde annoncée dans l'Apocalypse de saint Jean. Je croyais voir un soleil noir dans le ciel désert et un globe rouge de sang au-dessus des Tuileries. Je me dis : « La nuit éternelle commence, et elle va être terrible. Que va-t-il arriver quand les hommes s'apercevront qu'il n'y a plus de soleil? » Je revins par la rue Saint-Honoré, et je plaignais les paysans attardés que je rencontrais. Arrivé vers le Louvre, je marchai jusqu'à la place, et là, un spectacle étrange m'attendait. A travers des nuages rapidement chassés par le vent, je vis plusieurs lunes qui passaient avec une grande rapidité. Je pensai que la terre était sortie de son orbite et qu'elle errait dans le firmament comme un vaisseau démâté, se rapprochant ou s'éloignant des étoiles qui grandissaient ou diminuaient tour à tour. Pendant deux ou trois heures, je contemplai ce désordre et je finis par me diriger du côté des Halles. Les paysans apportaient leurs denrées, et je me disais : « Quel sera leur étonnement en voyant que la nuit se prolonge!... » Cependant, les chiens aboyaient çà et là, et les coqs chantaient.

Brisé de fatigue, je rentrai chez moi et je me jetai sur mon lit. En m'éveillant, je fus étonné de revoir la lumière. Une sorte de chœur mystérieux arriva à mon oreille ; des voix enfantines répétaient en chœur : « *Christe! Christe! Christe!...* » Je pensai que l'on avait réuni dans l'église voisine (Notre-Dame-des-Victoires) un grand nombre d'enfants pour invoquer le Christ. « Mais le Christ n'est plus! me disais-je ; ils ne le savent pas encore! »

L'invocation dura encore une heure. Je me levai enfin et j'allai sous les galeries du Palais-Royal. Je me dis que probablement le soleil avait encore conservé assez de lumière pour éclairer la terre pendant trois jours, mais qu'il usait de sa propre substance, et, en effet, je le trouvais froid et décoloré. J'apaisai ma faim avec un petit gâteau pour me donner la force d'aller jusqu'à la maison du poète allemand. En entrant, je lui dis que tout était fini et qu'il fallait nous préparer à mourir. Il appela sa femme qui me dit : « Qu'avez-vous? — Je ne sais, lui dis-je, je suis perdu. »

Elle envoya chercher un fiacre, et une jeune fille me conduisit à la maison Dubois.

A travers des nuages rapidement chassés par le vent, je vis plusieurs lunes qui passaient avec une grande rapidité... (Germination, *lithographie d'Odilon Redon.*)

Dans les Mémorables *qui achèvent* Aurélia, *nous revenons au poème. Oui, ces pages sont bien poème, et vraiment* mémorable, *où chaque note du rêve, chaque touche de la mémoire a pris assez d'intensité et de force pour se suffire à elle-même, se passer de l'anecdote, du récit, de la narration. Fleur, perle, oiseau, alezan, huppe, arc, cor : ces images brillent toutes d'un éclat de joyau dans un étrange et lumineux espace où le mot seul, le* verbe, *semble avoir acquis le pouvoir de réconcilier les contraires, de ramener la paix, de restaurer la confiance.*

Sur un pic élancé de l'Auvergne a retenti la chanson des pâtres. *Pauvre Marie!* reine des cieux! c'est à toi qu'ils s'adressent pieusement. Cette mélodie rustique a frappé l'oreille des corybantes. Ils sortent, en chantant à leur tour, des grottes secrètes où l'Amour leur fit des abris. — Hosannah! paix à la terre et gloire aux cieux!

Sur les montagnes de l'Himalaya une petite fleur est née. — Ne m'oubliez pas! — Le regard chatoyant d'une étoile s'est fixé un instant sur elle, et une réponse s'est fait entendre dans un doux langage étranger. — *Myosotis!*

Une perle d'argent brillait dans le sable ; une perle d'or étincelait au ciel... Le monde était créé. Chastes amours, divins soupirs! enflammez la sainte montagne... car vous avez des frères dans les vallées et des sœurs timides qui se dérobent au sein des bois!

Bosquets embaumés de Paphos, vous ne valez pas ces retraites où l'on respire à pleins poumons l'air vivifiant de la patrie. — « Là-haut, sur les montagnes, — le monde y vit content ; — le rossignol sauvage — fait mon contentement. »

Oh! que ma grande amie est belle! Elle est si grande, qu'elle pardonne au monde, et si bonne, qu'elle m'a pardonné. L'autre nuit, elle était couchée je ne sais dans quel palais, et je ne pouvais la rejoindre. Mon cheval alezan-brûlé se dérobait sous moi. Les rênes brisées flottaient sur sa croupe en sueur, et il me fallut de grands efforts pour l'empêcher de se coucher à terre.

Cette nuit, le bon Saturnin m'est venu en aide, et ma grande amie a pris place à mes côtés sur sa cavale blanche caparaçonnée d'argent. Elle m'a dit : « Courage, frère! car c'est la dernière étape. » Et ses grands yeux dévoraient l'espace, et elle faisait voler dans l'air sa longue chevelure imprégnée des parfums de l'Yémen.

Je reconnus les traits divins de ***. Nous volions au triomphe, et nos ennemis étaient à nos pieds. La huppe messagère nous guidait au plus haut des cieux, et l'arc de lumière éclatait dans les mains divines d'Apollon. Le cor enchanté d'Adonis résonnait à travers les bois.

Une dernière image que nous offrent encore les Mémorables : *une petite fille au profil « bourbonien » qui marche dans la neige en tenant une lampe allumée, un chat s'embarrasse dans ses jambes... Il en existe peu de plus belles. Citons-la pour finir.*

Claude Monet. Zaardam *ou Saardam, en Hollande où Nerval voyagea en mai 1852.*

Je me trouvais *en esprit* à Saardam, que j'ai visitée l'année dernière. La neige couvrait la terre. Une toute petite fille marchait en glissant sur la terre durcie et se dirigeait, je crois, vers la maison de Pierre le Grand. Son profil majestueux avait quelque chose de bourbonien. Son cou, d'une éclatante blancheur, sortait à demi d'une palatine de plumes de cygne. De sa petite main rose, elle préservait du vent une lampe allumée et allait frapper à la porte verte de la maison, lorsqu'une chatte maigre qui en sortait s'embarrassa dans ses jambes et la fit tomber. « Tiens! ce n'est qu'un chat! » dit la petite fille en se relevant. « Un chat, c'est quelque chose! » répondit une voix douce. J'étais présent à cette scène, et je portais sur mon bras un petit chat gris qui se mit à miauler. « C'est l'enfant de cette vieille fée! » dit la petite fille. Et elle entra dans la maison.

CHRONOLOGIE

1807 Étienne Labrunie, d'ascendance agenaise, épouse Marie-Antoinette-Marguerite Laurent, une *femme du Nord* – c'est-à-dire dont la famille est issue du Valois.

1808 *22 mai :* Naissance de Gérard Labrunie (à 20 heures) au 96 de la rue Saint-Martin à Paris.

1809 Le docteur Labrunie qui, l'année précédente, a été nommé médecin-adjoint à la Grande Armée, puis médecin ordinaire attaché au service de l'Armée du Rhin, sert en Pologne et en Autriche. Sa femme l'accompagne. Gérard a été mis en nourrice à Loisy près de Mortefontaine.

1810 Le docteur Labrunie dirige l'hôpital de Hanovre, puis celui de Glogau. Marie-Antoinette Labrunie meurt à l'âge de vingt-cinq ans d'une fièvre qu'elle contracte *en traversant un pont chargé de cadavres*, dit Gérard. Elle est enterrée au cimetière catholique polonais de Gross-Glogau.
Gérard grandit à Mortefontaine chez son grand-oncle maternel Antoine Boucher. Il y retournera en vacances.

1812 *Campagne de Russie.*

1814 Retour du docteur Labrunie. Gérard a six ans.

1815 *2e abdication de Napoléon. La Restauration.*

1820 Gérard habite avec son père rue Saint-Martin à Paris, Il est élève du lycée Charlemagne et a pour condisciple Théophile Gautier. Mort de l'oncle Boucher.

1826 Les *Élégies nationales* et *l'Académie ou les membres introuvables* sont publiées par Touquet. Ce sont les œuvres d'un jeune homme de dix-huit ans.

1828 Un travail beaucoup plus sérieux : la traduction du *Faust* de Gœthe, que Gérard a achevée lors d'un séjour à Saint-Germain-en-Laye, est publiée chez Dondey-Dupré. Mort de la grand-mère maternelle du poète, qui est présenté cette année-là à Victor Hugo.

1830 La première d'Hernani. Nerval y assiste. Il publie son *Choix des poésies de Ronsard*, une traduction de *Poésies allemandes.*

1830 *Révolution de Juillet. La Monarchie de Juillet.*

1831 Essais dramatiques : *le Prince des sots, Lara*, reçus à l'Odéon. Premier et court séjour à Sainte-Pélagie.

1832 Le « petit cénacle » autour de Jehan Duseigneur. Les « Jeune-France ». Second passage à Sainte-Pélagie (après le complot de la rue des Prouvaires). Épidémie de choléra à Paris (Gérard est alors étudiant en médecine).

1833 Cette année-là, Gérard, qui a vingt-cinq ans, voit peut-être pour la première fois Jenny Colon, qui a le même âge que lui. Elle chante aux Variétés et acquerra bientôt un certain renom.

1834 Gérard hérite de trente mille francs de son grand-père. Voyage dans le midi de la France. Premier voyage en Italie.

1835 A l'impasse du « Doyenné », avec T. Gautier, Camille Rogier, Arsène Houssaye, etc. Gérard fonde *le Monde dramatique* – entreprise ruineuse – en vue de « lancer » Jenny Colon.

1836 Liquidation du *Monde dramatique*. Gérard, endetté, devient journaliste *(le Figaro, la Charte de 1830)*. Voyage avec Gautier en Belgique. Peut-être à Londres.

1837 Collaboration à *la Presse*. Première de *Piquillo*. Lettres d'amour à Jenny Colon.

1838 Le 11 avril, Jenny Colon épouse le flûtiste Leplus. C'est la fin de son intrigue avec Gérard. Premier voyage en Allemagne (Baden, Strasbourg, Carlsruhe, Mannheim, Francfort). De ce voyage sort le drame de *Léo Burckart* reçu le 16 novembre par Anténor Joly à la Renaissance.

1839 Première de *l'Alchimiste* en collaboration avec A. Dumas, à la Renaissance. *Léo Burckart* est finalement représenté à la Porte Saint-Martin. Mission en Autriche (Lyon, Genève, Berne, Zurich, Constance, Lindau, Munich, Salzbourg, Linz, Vienne). A Vienne, Gérard rencontre Marie Pleyel et Liszt. Il collabore à des journaux viennois.

1840 Retour à Paris. Gérard prépare sa traduction du *Second Faust*. Voyage en Belgique. Création de *Piquillo* le 15 décembre à Bruxelles. Rencontre avec Jenny Colon-Leplus sur l'entremise de Marie Pleyel, alors présente à Bruxelles.

1841 Première crise de Gérard, le 21 ou 23 février. Il est transporté chez Mme de Saint-Marcel, rue de Picpus, puis, à la suite d'une nouvelle crise, chez le Dr Esprit Blanche à Montmartre. Il y restera jusqu'à la fin de novembre. Entretemps Jules Janin dans *le Journal des Débats* du 1er mars a fait « l'épitaphe » de son esprit.

1842 Jenny Colon meurt le 5 juin. Gérard part pour l'Orient en décembre.

1843 Voyage en Orient : Marseille, Malte, l'Archipel, l'Égypte, Le Caire, Alexandrie, Liban, Beyrouth, Chypre, Rhodes, Smyrne, Constantinople, Malte. Fin novembre, séjour à Naples. Retour à Marseille le 5 décembre.

1844 Mise en ordre des notes recueillies pour *le Voyage en Orient*. Voyage en Hollande et en Belgique avec Arsène Houssaye.

1845 Huit jours à Londres.

1846 Échappées dans le Valois. Notes pour *Angélique*, *Sylvie*, les *Promenades et Souvenirs*.

1848 Gérard traduit des poèmes de Heine avec lequel il travaille et se lie d'amitié à Paris.

1848 *Abdication de Louis-Philippe. Révolution de 1848.*

1849 Création des *Monténégrins* à l'Opéra-Comique. Nouvelle crise en avril. Gérard chez le Dr Aussandon. Émeute du 13 juin 1849 et choléra à Paris, qu'il évoque dans les lettres à T. Gautier. Voyage à Londres.

1850 Création à l'Odéon du *Chariot d'enfant* en collaboration avec Méry. Période dépressive : nouveaux soins du Dr Aussandon. Voyage en Allemagne (Leipzig, Bruxelles).

1851 Traité avec Charpentier pour l'édition définitive du *Voyage en Orient*. Divers projets pour le théâtre. En septembre, nouvelle crise nerveuse. Chez le Dr Émile Blanche à Passy. Première de *l'Imagier de Harlem* à la Porte Saint-Martin.

1851 *Coup d'État de décembre 1851.*

1852 *Le Second Empire.*

1852 Gérard, malade, est hospitalisé à la maison Dubois (maison de santé municipale). En mai, voyage en Hollande. Traité avec Giraud et Dagneau pour *Lorely*. Travail pour *les Illuminés* qui paraissent en novembre. Échappée dans le Valois en août. Difficultés matérielles et morales.

1853 Travail préparatoire de *Sylvie*. Séjour à la maison Dubois. Nouvelles échappées dans le Valois. *Sylvie* paraît le 15 août dans *la Revue des deux mondes*. Nouvelle crise le 25 août : Gérard est conduit à l'hôpital de la Charité, puis entre chez le Dr Blanche. Sortie prématurée, rechute, retour à la clinique. A la fin de l'année, Gérard termine *les Filles du feu* et *les Chimères*.

1854 Nouveau projet – ajourné – de voyage en Orient. Dernier voyage en Allemagne de mai à juillet : Strasbourg, Baden, Carlsruhe, Stuttgart, Munich, Augsbourg, Nuremberg, Neuenmarkt, Leipzig, Weimar, Gotha, Francfort. En août, Gérard rentre chez le Dr Blanche. Il travaille à *Aurélia*. Il quitte la clinique le 19 octobre pour mener une existence difficile, errante, sans domicile fixe.

1855 *26 janvier* : Il fait très froid à Paris (— 18°). A l'aube, Gérard est trouvé pendu rue de la Vieille-Lanterne.

INDEX

BIBLIOGRAPHIE

Un instrument de recherche remarquable :
Jean Senelier, *Gérard de Nerval, Essai de bibliographie*, Nizet, 1959.

Éditions :

Gérard de Nerval, ŒUVRES, Bibliothèque de la Pléiade (Gallimard).
Tome I : *Poésies. Petits Châteaux de Bohême. Les Nuits d'octobre. Promenades et Souvenirs. Les Filles du feu. Pandora. Aurélia. Contes et Facéties. Le Marquis de Fayolle. Lettres à Jenny Colon. Correspondance.* Texte établi, annoté et présenté par Albert Béguin et Jean Richer. 1re édit., 1952. 2e édit., 1956. 3e édit., 1960.
Tome II : *Voyage en Orient. Lorely. Notes de voyage. Les Illuminés.* Texte établi, présenté et annoté par les mêmes, 1956.

Gérard de Nerval, ŒUVRES COMPLÉMENTAIRES, chez M.-J. Minard, « Lettres modernes », textes réunis, établis et présentés par J. Richer (T. I : *la Vie des lettres*, 1959, T. II, *la Vie du théâtre*, 1961, T. VI : *le Prince des sots*, 1960 – 7 volumes sont annoncés).

Gérard de Nerval, *Œuvres*, présent. notices, notes par H. Lemaître (2 vol.), Garnier, 1958.

Œuvres complètes de Gérard de Nerval, publiées sous la direction d'A. Marie, J. Marsan, E. Champion, Librairie ancienne H. Champion. Édition malheureusement inachevée, dont 6 volumes sont parus, 1926-1932.

Œuvres de Gérard de Nerval, revision du texte et introduction par Henri Clouard, le Divan, 10 volumes, 1927-1928.

Gérard de Nerval, *Aurélia* suivie des *Lettres à Aurélia*, librairie J. Corti, 1943.
Gérard de Nerval, *les Chimères*, exégèses de Jeanine Moulin, Droz, 1949.
Gérard de Nerval, *Voyage en Orient*, édition critique par Gilbert Rouger, Impr. Nat. de France et Bibl. des Éditions Richelieu, 4 vol., 1950.
Gérard de Nerval *Sylvie, Aurélia*, édition présentée par Raymond Jean, J. Corti, 1964.
Gérard de Nerval, *Aurélia*, édition établie et présentée par Jean Richer, avec la collaboration de F. Constans, M.-L. Belleli, J.-W. Kneller, J. Senelier, chez M.-J. Minard, 1966.
Gérard de Nerval, *Les Chimères*, éd. critique par Jean Guillaume, Palais des Académies, Bruxelles, 1966.

Il existe aujourd'hui diverses éditions des œuvres de Nerval en collections « de poche » : Garnier-Flammarion, Livre de poche, Folio.

Ouvrages biographiques et critiques :

Aristide Marie, *Gérard de Nerval*, Hachette, 1914, rééd. 1955.
Pierre Audiat, *l'Aurélia de Gérard de Nerval*, Champion, 1926.
Albert Béguin, *Gérard de Nerval*, Stock, 1937. Édition plus complète, J. Corti, 1945.
Jean Richer, *Gérard de Nerval et les doctrines ésotériques*, le Griffon d'or, 1947.
L.-H. Sébilotte, *le Secret de Gérard de Nerval*, J. Corti, 1948.
J. Richer, *Gérard de Nerval*, Collection « Poètes d'aujourd'hui », P. Seghers, 1950. Rééd. 1953, 1957, 1960.
R.-M. Albérès, *Gérard de Nerval*, Éditions universitaires, 1955.
J.-P. Richard, *Géographie magique de Nerval*, in *Poésie et Profondeur*, Éd. du Seuil, 1955.
M.-J. Durry, *Gérard de Nerval et le Mythe*, Flammarion, 1956.
L. Cellier, *Gérard de Nerval, l'homme et l'œuvre*, « Connaissance des lettres », Hatier-Boivin, 1956.
J. Gaulmier, *Gérard de Nerval et les Filles du feu*, Nizet. 1956.
C. Dédéyan, *Gérard de Nerval et l'Allemagne*, S. E. D. E. S. (3 vol.), 1957-1958.
Georges Poulet, *Nerval*, in *Métamorphoses du cercle*, Pon 1961.
Charles Mauron, *Des métaphores obsédantes au mythe personnel*, introduction à la psychocritique : chap. IV et IX, J. Corti, 1963.
Jean Richer, *Nerval : Expérience et création*, Hachette, 1964.
Georges Poulet, *Sylvie ou la pensée de Nerval*, in *Trois essais de mythologie romantique*, J. Corti, 1966.
Paul Benichou, *Delfica et Myrtho*, in *l'Écrivain et ses travaux*, J. Corti, 1967.
Kurt Scharer, *Thématique de Nerval*, Minard, Lettres Modernes, 1968.
Ross Chambers, *Nerval et la poétique du voyage*, J. Corti, 1969.

Gérald Schaeffer, *Le Voyage en Orient de Nerval, Études des structures*, coll. « Langages », La Baconnière, 1967.
Kurt Scharer, *Thématique de Nerval*, Minard, 1968.
Ross Chambers, *Gérard de Nerval et la poétique du voyage*, J. Corti, 1969.
George-René Humphrey, *L'esthétique de la poésie de Gérard de Nerval*, Nizet, 1969.
Pierre-Georges Castex, *Sylvie de Gérard de Nerval*, Sedes, 1970 (dans la même série, *Aurélia*, 1971).
Jacques Geninasca, *Analyse structurale des Chimères de Nerval*, coll. « Langages », La Baconnière, 1971.
Anita Grossvogel, *Le pouvoir du nom*, J. Corti, 1972.
André Lebois, *Fabuleux Nerval*, Denoël, 1972.
Henri Bonnet, *Gérard de Nerval*, coll. « Théma-Anthologie », Hatier, 1973.
Raymond Jean, *La Poétique du désir*, « Pierres vives », Seuil, 1974.

Ajoutons que d'excellents ensembles d'articles ont été publiés dans des revues comme *les Cahiers du Sud* (n° 292, 1948) ou le *Mercure de France* (déc. 1949, juin 1951, nov. 1952). D'éminents nervaliens comme François Constans se sont exprimés dans de tels articles.

Il faut citer aussi, dans la période la plus récente, la *Revue d'Histoire littéraire de la France* (mai-juin 1972), *Romantisme* (nos 1-2, 1971), *Europe* (n° 516, 1973) et les « Archives nervaliennes » chez Minard.

ŒUVRES EN LIBRAIRIE

Aurélia : Le Divan. Le Livre de poche.
Aurélia et Lettres à Aurélia : Corti, coll. « Romantique ».
Aurélia ou le Rêve et la Vie : Minard, coll. « Paralogue ».
La Bohême galante : Le Divan.
Les Chimères : Corti, épuisé. G.L.M.

Choix de textes : G.L.M. (préface de A. Béguin).
Dix feuilletons dramatiques sur les Anciens, les Classiques et les Modernes : Minard, coll. « Revue des Lettres Modernes ».
El Desdichado : G.L.M., épuisé.
Les Filles du feu, suivi de *Aurélia :* Le Livre de poche br., relié.
Les Filles du feu, Les Chimères : Garnier, coll. « G.F. ».
Les Illuminés : Le Divan.
Lorely : Le Divan, épuisé.
La Main enchantée : H. Lefebvre (avec litho de C. Berg).
Le Marquis de Fayolle : Le Divan.
Œuvres : Choix de textes (introd. et notes de G. Rouger), coll. « Classiques pour notre temps », Alpina, épuisé.
Œuvres : T. I. *(Petits Châteaux de Bohême, les Illuminés, les Nuits d'Octobre, Promenades et Souvenirs, les Filles du feu, les Chimères, la Pandora, Aurélia, Lettres à Aurélia)*, Garnier, notes de H. Lemaire, coll. « Classiques »; coll. « Sélecta » (H. S.); coll. « Prestige » (H. S.).
Œuvres : T. II *(Voyage en Orient)*, Garnier, coll. « Classiques »; coll. « Prestige ».
Œuvres : Gallimard, coll. « Bibliothèque de la Pléiade », avec annot. de A. Béguin et J. Richer. T. I : *Poésies, Petits Châteaux de Bohême, les Nuits d'Octobre, Promenades et Souvenirs, les Filles du feu, la Pandora, Aurélia, Contes et Facéties, le Marquis de Fayolle, Lettres à Jenny Colon, Correspondance.* T. II : *Voyage en Orient, Lorely, Notes de voyages, les Illuminés.*
Œuvres : Flammarion, coll. « J'ai lu » *(Poésies, Petits châteaux de Bohême, Lettres à Jenny Colon, les Nuits d'Octobre, Promenades et Souvenirs, les Filles du feu, la Pandora, Aurélia, les Chimères*, et des extraits de *le Voyage en Orïent, Lorely, les Illuminés).*
Œuvres complètes : Nouvelle Librairie de France (avec notes de M. Cornand, J. Suffel, ill. de H. Renaud), en 7 vol. Les 7 vol. rel. demi-chagrin; rel. plein chagrin. En 4 vol. (sauf *Voyage en Orient*),rel. toile; demi-chagrin; plein cuir maroquiné; plein chagrin.
Œuvres complètes : Le Divan, en 10 vol. br.
Œuvres complémentaires : Éd. Minard, coll. « Nouvelle bibliothèque Nervalienne ». T. I : *la Vie des lettres.* T. II : *la Vie du théâtre.* T. III : Théâtre *(Piquillo, les Monténégrins).* T. V : *Théâtre (l'Imagier de Harlem).* T. VI : *le Prince des sots.* T. VIII : *Variétés et Fantaisies.* T. IV et VII à paraître.
Poèmes choisis : Seghers, coll. « Poètes d'aujourd'hui ».
Poésies : Le Livre de poche br. rel. Précédées de *Nerval et la Magie du souvenir :* Plon.
Le Rêve et la Vie : Hachette, coll. « Flambeau » (introd. de J.-L. Vaudoyer).
Sylvie, Aurélia : Corti, coll. « Romantique » (présentation de R. Jean), en réimp.
Sylvie, Léo Burckart, Aurélia : Éd. du Rocher, épuisé.
Sylvie : Éditions Tériade (avec 34 lithos de A. Beaudins). Les Heures Claires, épuisé.
Sylvie, suivi de *Souvenirs du Valois :* Terres Latines, épuisé.
Voyage en Orient : Julliard, coll. « Littérature », 2 vol. Le Divan, 3 vol.

ILLUSTRATIONS

Giraudon : p. 17, 84, 158, 171, 183. — N. D. Giraudon : p. 166. — Jean-Marie Marcel: p. 19. — Georges Sirot : p. 14, 28a, 28b 29a, 29b, 41, 55. — Bulloz : p. 42, 48, 50. — Archives de la Ville de Paris : p. 49. — Musée de l'Archerie/Crépy-en-Valois : p. 64. — Bibliothèque Nationale (Éd. du Seuil : p. 5, 7, 10, 15, 24, 31, 32, 35, 36, 38, 44, 51, 52, 71, 73, 85, 91, 92, 99, 100, 102, 103, 104, 105, 107, 108, 115, 129, 130, 131, 134, 136, 137, 140, 141, 142-143, 146, 150, 161, 173, 186, 188, 190. — Bibliothèque Nationale : p. 2, 4, 21, 22, 26-27, 46, 61, 81, 94, 96, 113, 117, 122, 138, 139, 144, 145, 148, 153, 154, 157, 169, 174, 179, 181. — Collection particulière : p. 165.

Travaux photographiques : *Publicité R. Bardet.*

L'auteur et les éditeurs tiennent à remercier Monsieur Blottière de leur avoir communiqué le document de la page 16 et Madame Roger Scart le document de la page 74.

En p. 2 et 3 de cv. : carte du Valois au XIXe siècle évoquant des lieux cités dans l'œuvre de Nerval, et itinéraire suivi par Nerval pour son voyage en Orient en 1843.

Les dessins des p. 103, 187 et 188 sont attribués à Gérard de Nerval.

TABLE

CE LIVRE, LE SOIXANTE-HUITIÈME DE LA COLLECTION « ÉCRIVAINS DE TOUJOURS » DIRIGÉE PAR DENIS ROCHE, A ÉTÉ RÉALISÉ PAR HÉLÈNE FOUCAULT.

collections microcosme
DICTIONNAIRES

* Ouverture pour une discothèque
1 Dictionnaire de musique
2 Dictionnaire de danse
3 Dictionnaire des musiciens
4 Dictionnaire des cinéastes
5 Dictionnaire des films
6 Dictionnaire du ski
7 Dictionnaire de la voile
8 Dictionnaire de la montagne

MAITRES SPIRITUELS

1 Mahomet et la tradition islamique
2 Saint Augustin et l'augustinisme
3 Saint Jean-Baptiste et la spiritualité du désert
4 George Fox et les Quakers
5 Saint Paul et le mystère du Christ
6 Le Bouddha et le bouddhisme
7 Maître Eckhart et la mystique rhénane
8 Moïse et la vocation juive
9 Socrate et la conscience de l'homme
10 Saint François d'Assise et l'esprit franciscain
11 Fénelon et le pur amour
12 Jean Calvin et la tradition calvinienne
14 Confucius et l'humanisme chinois
15 Charles de Foucauld et la fraternité
16 Saint Serge et la spiritualité russe
17 Saint Thomas d'Aquin et la théologie
18 Râmakrishna et la vitalité de l'hindouisme
19 Saint Benoît et la vie monastique
20 Saint Grégoire Palamas et la mystique orthodoxe
21 Saint Vincent de Paul et la charité
22 Saint Jean de la Croix et la nuit mystique
23 Saint Ignace de Loyola et la Compagnie de Jésus
25 Saint-Cyran et le jansénisme
26 Rabbi Siméon bar Yochaï et la Cabbale
27 Patañjali et le Yoga
28 Luther et l'Église confessante
29 Saint François de Sales et l'esprit salésien
30 Saint Bonaventure et la sagesse chrétienne
31 Bérulle et l'École française
32 Râmânuja et la mystique vishnouite
33 Épictète et la spiritualité stoïcienne
34 Lao tseu et le taoïsme
35 Zarathushtra et la tradition mazdéenne
36 Saint Bernard et l'esprit cistercien
37 Gandhi et la non-violence
38 Sainte Thérèse d'Avila et l'expérience mystique
39 Çankara et le Vedânta
40 Mani et la tradition manichéenne
41 Rûmî et le soufisme

ACHEVÉ D'IMPRIMER EN 1978 PAR L'IMPRIMERIE TARDY QUERCY S.A. A BOURGES
D. L. 3e trim. 1964 - no 1606.5 (8993)